AF550107

P. José Sicardo OSA

Hl. Rita von Cascia

P. José Sicardo OSA

Hl. Rita von Cascia

Helferin in größter Not

media
maria

Originaltitel der amerikanischen Ausgabe:
St. Rita of Cascia
Saint of the impossible
Fr. Joseph Sicardo, O.S.A.

Der Titel wurde für die deutsche Fassung etwas gekürzt.

Die Bibelzitate stammen aus der revidierten Einheitsübersetzung der Heiligen Schrift

HL. RITA VON CASCIA
Helferin in größter Not
P. José Sicardo OSA
Übersetzung: Sr. Cornelia M. Knollmeyer

ISBN 978-3-947931-39-2
www.media-maria.de

Sie öffnet ihre Hand für den Bedürftigen
und reicht ihre Hände dem Armen.
Sie öffnet ihren Mund in Weisheit
und Unterweisung in Güte ist auf ihrer Zunge.
Ihre Kinder stehen auf und preisen sie glücklich,
auch ihr Mann erhebt sich und rühmt sie.

Spr 31,20.26.28

Inhalt

Vorwort ... 11

1. Kapitel
Cascia und Umbrien ... 15

2. Kapitel
Ritas Geburtsort und Elternhaus ... 19

3. Kapitel
Ritas Geburt ... 23

4. Kapitel
Ritas Kindheit ... 26

5. Kapitel
Rita führt ein zurückgezogenes Leben ... 29

6. Kapitel
Ritas Verzicht auf das Ordensleben ... 33

7. Kapitel
Ritas Heirat ... 36

8. Kapitel
Rita bekehrt ihren Ehemann durch Demut
und Geduld ... 39

9. Kapitel
Gott segnet Ritas Ehe mit zwei Kindern ... 43

10. Kapitel
Ritas Tugendhaftigkeit in ihrem Eheleben 46

11. Kapitel
Paolos Tod und Ritas Trauer 49

12. Kapitel
Rita bringt Gott das Leben ihrer Söhne zum Opfer 52

13. Kapitel
Ritas Büßerleben nach dem Tod ihrer Söhne 54

14. Kapitel
Vergebliche Bitte um Aufnahme bei den Augustiner-Eremitinnen 56

15. Kapitel
Der wunderbare Klostereintritt 59

16. Kapitel
Rita verschenkt ihre Güter und empfängt das Ordenskleid 63

17. Kapitel
Ablegung der feierlichen Gelübde und geheimnisvolle Vision 66

18. Kapitel
Wie Rita das Gehorsamsgelübde beobachtete 69

19. Kapitel
Wie Rita den evangelischen Rat der Armut praktizierte 73

20. Kapitel
Wie Rita das Gelübde der Keuschheit verwirklichte 76

21. Kapitel
Ritas Übung der Buße und Abtötung 79
22. Kapitel
Ritas außerordentliche Fortschritte in der Tugendhaftigkeit 82
23. Kapitel
Wunderbare Gebetserhörungen 86
24. Kapitel
Empfang der Stirnwunde beim Gebet vor dem Kreuz 90
25. Kapitel
Ritas Pilgerreise nach Rom 93
26. Kapitel
Ritas Krankheit und die wunderbaren Zeichen . . 97
27. Kapitel
Ritas glückseliger Tod 100
28. Kapitel
Außerordentliche Ereignisse nach Ritas Tod 102
29. Kapitel
Zeichen der Verehrung 105
30. Kapitel
Besondere Privilegien 107
31. Kapitel
Durch Ritas Fürsprache geschehene Wunder 112
32. Kapitel
Feierliche Seligsprechung 118
33. Kapitel
Feierlichkeiten anlässlich der Seligsprechung 120

34. Kapitel
Wunder nach Ritas Seligsprechung 123

35. Kapitel
Feierliche Heiligsprechung 127

Anhang 132

Zitat aus dem Heiligsprechungsdekret 132

1. Gebet zur heiligen Rita 133

2. Gebet zur heiligen Rita 135

Novene zur heiligen Rita 136

Vorwort

Die Kirche ist ein zuverlässiger Führer zu den Lebensbeschreibungen der Heiligen, welche die erstaunlichen und verdienstvollen Taten der Gläubigen wiedergeben, die im Ruf der Heiligkeit gelebt haben und gestorben sind. Und sie betrachtet jedes Heiligenleben als Leitfaden für alle Christen auf ihrer Pilgerschaft zum Himmel, ihrer wahren Heimat. Nach der Bibel und dem Katechismus gibt es in den Augen der Kirche keine kostbareren Bücher als die Biografien der Heiligen.

Wie eine gute Mutter wünscht die Kirche, dass ihre Kinder häufig in den Lebensbeschreibungen der Heiligen lesen. So lernen sie nach und nach einen erlesenen Kreis von Menschen kennen, die sie ermutigen, ihr alltägliches Leben dem der Heiligen anzugleichen. Ein überzeugendes Beispiel dafür gibt der heilige Augustinus. Er zeigt uns, was die Lektüre von Heiligenleben bewirken kann. Alypius, einer seiner Freunde, gab ihm einmal die Lebensbeschreibung des heiligen Wüstenvaters Antonius. Augustinus las sie und war so tief davon berührt, dass sie zu einem Hauptgrund seiner Bekehrung wurde.

Wenn man den Heiligenkalender der Kirche betrachtet und die lange Liste mit den Namen der Männer und Frauen studiert, die bereits in ihrer Zeit verehrt wurden, dann finden wir wenige Heilige, die mit größerer Ehrerbietung angerufen werden als die heilige Rita, diese demütige Augustiner-Eremitin aus Cascia, die unter dem einzigartigen

Titel »Helferin in größter Not« verehrt wird. Es ist mehr als 400 Jahre her, dass die heilige Rita aus diesem Leben schied, um auf immer mit ihrem Herrn und Bräutigam Jesus Christus vereint zu werden, und doch wird ihr Name noch immer hochgeschätzt, nicht nur von den Gläubigen in ihrem Heimatland Italien, sondern in ganz Europa und in Süd- und Nordamerika.

Unter den zahlreichen Lebensbeschreibungen der heiligen Rita, die von italienischen und spanischen Augustinern verfasst wurden, bevorzugen wir jene unseres Mitbruders P. José Sicardo. Dieses Buch ist auch in Spanien, auf den Philippinen und in Süd- und Mittelamerika weitverbreitet.

Möge die englische Übersetzung des Lebens der heiligen Rita dazu beitragen, nicht nur ihre Verehrung zu fördern, sondern auch den Kreis der Menschen zu erweitern, die die Hilfe dieser Heiligen selbst erfahren. Das ist unser Wunsch und unsere Absicht.

Dan J. Murphy OSA
St. Rita's Monastery
Chicago, Illinois

Hl. Rita von Cascia, Statue in Nursia

1. Kapitel

Cascia und Umbrien

Ein Blick auf die Landkarte Italiens zeigt, dass das Land die Form eines verlängerten Stiefels hat, der sich vom Mittelmeer abhebt. Die Provinz Umbrien prangt wie ein Edelstein in der Mitte der italienischen Halbinsel. Die Hauptstadt Umbriens ist Perugia, eine außerordentlich schöne Stadt auf einem Hügel rechts des Tibers. Außer ihren zahlreichen majestätischen öffentlichen Gebäuden besitzt Perugia eine prachtvolle Kathedrale aus dem 14. Jahrhundert mit Gemälden von Federico Baroccio, Giannicola di Paolo Manni und Luca Signorelli. Angeschlossen an den Dom befindet sich eine wertvolle Bibliothek, reich ausgestattet mit kostbaren Werken und Manuskripten, unter ihnen auch ein Kodex des Lukasevangeliums aus dem 6. Jahrhundert.

Die Bevölkerung Umbriens geht zurück auf eine lange Linie ehrbarer Vorfahren, Menschen, die Gott fürchten und lieben und sich rühmen, den Glauben bewahrt zu haben, den ihnen einst die Heiligen vermittelt haben.

Touristen und Pilger, die die Provinz Umbrien besuchen, äußern sich begeistert über diesen malerischen Landstrich. Sein tiefblauer Himmel und sein angenehmes Klima, seine felsigen Hügel und lieblichen Täler, sein fruchtbarer Boden und die Fülle seiner köstlichen Früchte beweisen, wie verschwenderisch die Natur das Land mit den erlesensten Gaben ausgestattet hat, diesen Garten der langen italienischen Halbinsel, dessen natürlichen Charme die Welt rühmt und bewundert. Zu Recht sagt man von Umbrien: »Hier ist ohne Zweifel die Schönheit zu Hause.«

Wenn wir von der Ordnung der Natur zur Ordnung der Gnade übergehen, wird Umbrien gleichsam zu einem Heiligtum oder zum »Land der Heiligen«, denn es ist das Geburtsland vieler berühmter Heiliger, deren Namen Italien und der katholischen Kirche zur Ehre gereichen.

Welches Land auf der Erde könnte eine solche Zahl von großen Heiligen für sich in Anspruch nehmen wie z. B. den heiligen Benedikt, den heiligen Franziskus und die heilige Klara von Assisi? Die Zeit hat ihren Ruf der Heiligkeit nicht verblassen lassen, im Gegenteil. Ihr Ansehen und ihre Verehrung haben im Laufe der Zeit zugenommen. Jahr um Jahr suchen zahlreiche Touristen und Pilger ihre Heiligtümer auf, nicht aus Neugierde, sondern aufgrund ihres Glaubens.

Doch beruht die religiöse Anziehung Umbriens nicht allein auf den drei oben erwähnten Heiligen. Diese gesegnete Provinz hat mindestens ein Dutzend Heilige hervorgebracht. Allein der Augustinerorden verzeichnet in seinem Heiligenkalender acht Heilige, die in Umbrien geboren wurden. Besonders erwähnenswert darunter sind die heilige Klara von Montefalco und eben die heilige Rita von Cascia, die Papst Leo XIII. *la perla preziosa dell'Umbria,* »die kostbare Perle Umbriens«, nannte.

Im Südosten Umbriens, rund 120 Kilometer von Rom entfernt, liegt zwischen den Hügeln am Rande des Apennins die alte Stadt Cascia. Einst war sie Hauptstadt einer freien, unabhängigen Republik, die aus vier blühenden Städten bestand. Ihre Einwohner waren tapfer und stark, und als im Jahr 1300 König Robert von Neapel ihre Rechte und Freiheiten bedrohte, widersetzten sich Cascias Bürger, die zu lange ihre Freiheit genossen hatten, um sie einfach widerstandslos aufzugeben. Sie wehrten sich tapfer und kühn gegen die Armee des Königs, und ihr kraftvoller Widerstand wurde von Erfolg gekrönt. Die Cascianer errangen einen ruhmvollen und entscheidenden Sieg über ihre mächtigen Feinde.

Es sind noch Münzen erhalten, die geprägt wurden, als Cascia auf dem Höhepunkt seiner Macht stand. Auf diesen Geldstücken ist das Wappen der Stadt abgebildet, das von einer jungen hübschen Frau gehalten wird. Sie sitzt auf einem Thron, der auf zwei Drachenköpfen ruht. In der Rechten hält sie eine Lilie, in der Linken eine Schlange. Dasselbe Wappen ist auch auf einem der alten Stadttore zu sehen, das den Hauptzugang der einst berühmten Stadt sicherte.

Dann allerdings brachen schwere Zeiten über die einst so glückliche und wohlhabende Republik herein. Kriege und besonders Bürgerkriege verursachten Unheil und Zwietracht, und wo bislang Frieden und Wohlstand geherrscht hatten, begannen nun Trübsinn und Niedergeschlagenheit das Leben zu bestimmen. Unter diesen elenden Umständen befürchteten die Einwohner Cascias, der Vernichtung, dem erschreckendsten Gottesurteil, anheimzufallen. Deshalb unterstellten sie und ihre Nachbarn sich dem machtvollen Schutz der Gottesmutter und wurden freiwillig Untergebene des päpstlichen Kirchenstaats.

Das heutige Cascia[1] ist sozusagen nur noch ein Schatten dessen, was es einmal war. Es ist nur noch eine Kleinstadt. Die Einwohnerzahl überschreitet nicht die 600.[2] Aber auch wenn die Einwohnerzahl gering ist, birgt Cascia in seinen Mauern doch viele Monumente, die lebendige Zeugen des glühenden und lebendigen Glaubens seiner Bevölkerung sind.

---

1 Anfang des 20. Jahrhunderts (Anm. d. V.).

2 Im Jahr 2021 waren es etwas mehr als 3000 Einwohner (Anm. d. V.).

In Cascia gibt es eine schöne, der allerseligsten Jungfrau Maria geweihte Pfarrkirche und mehrere Niederlassungen von Ordensgemeinschaften. Der Augustinerorden hatte in dieser Stadt [zu Beginn des 20. Jahrhunderts] drei Konvente, eine Brüder- und zwei Schwesterngemeinschaften. Das Männerkloster ist ein schönes Gebäude, das dem Gründer, dem heiligen Augustinus, geweiht ist. Einer der Schwesternkonvente, der früher der heiligen Maria Magdalena gewidmet war, wird nun »Kloster St. Rita« genannt. Das andere Ordenshaus ist nach der heiligen Luzia benannt, die zur Zeit der schweren Christenverfolgung unter dem grausamen Kaiser Diokletian das Martyrium erlitt.

Doch auch wenn der Ruf und die Ehre Cascias auf dem sicheren Fundament der heiligen Rita ruhen, deren Name dort sehr geläufig ist, sind in den Archiven dieser Stadt weitere Dokumente zu finden, die die Namen vieler heiliger Männer und Frauen aufweisen. Sie erfüllen Cascia gleichsam mit dem Duft der Heiligkeit. Unter ihnen befinden sich folgende heiligmäßige Diener Gottes, deren Cascia sich rühmen kann:

Sel. Giovanni da Castro Clavano
Sel. Ugolino da Gualdo Cattaneo OSA
Sel. Simon Fidati OSA
Ehrw. Diener Gottes Andrea da Muciafore OSA

Die heilige Rita überragt jedoch die zahlreichen Zedern dieses augustinischen Libanons, und die Geschichte ihres beeindruckenden Lebens und die vielen Wunder, die nach ihrem Tod auf ihre Fürsprache hin geschahen, werden die Leser davon überzeugen, dass Gott wirklich wunderbar durch seine Heiligen wirkt und dass die heilige Rita, die Augustinernonne von Cascia, zu Recht »Helferin in größter Not« genannt wird.

2. Kapitel

Ritas Geburtsort und Elternhaus

Roccaporena ist der Name eines kleinen, etwa fünf Kilometer von Cascia entfernten Dorfes oder eher Weilers. Er liegt an einem kleinen Fluss in einem engen Tal am Fuß eines hohen Felsens. Dieser ist getrennt von den Bergen der Umgebung und hat die Form eines Kiefernzapfens. Es gibt eine alte Überlieferung, nach der beim Tod Jesu auf dem Hügel von Kalvaria die Felsen der Berge bei Cascia durch ein Erdbeben gespalten wurden, wodurch dieser einzelne Fels völlig von den übrigen Bergen abgetrennt worden war. Aufgrund seiner Lage an diesem Felsen wurde das Dorf Porena *Roccaporena* [Felsen-Porena] genannt.

In diesem kleinen Dorf lebte um das Jahr 1309 ein frommes Ehepaar, das sich vor dem Altar das Treueversprechen gegeben hatte. Sie widmeten ihr Leben dem Dienst für Gott und der Übung jener Tugenden, die Gott am meisten gefallen. Die Namen dieses Ehepaares waren Antonio Lotti und Amata Ferri. Antonio stammte aus Roccaporena. Amata wurde in Fogliano geboren, einem hübschen Weiler in der Nähe von Cascia.

Obwohl Antonio Lotti keine großen weltlichen Reichtümer besaß, verdiente er als Landwirt genug, um für sich und seine Frau ein angemessenes Leben sicherzustellen. Das Ehepaar war zufrieden mit seinem einfachen Leben, empfand sich nicht als arm und ersehnte auch keinen Reichtum. So verteilten sie gerne an die Armen und

Bedürftigen, was sie nicht für den eigenen Unterhalt brauchten.

Antonio und seine fromme Frau waren nicht nur großzügig gegenüber den Armen und Notleidenden, sondern sie waren tatsächlich Apostel, die Gott in Roccaporena eingesetzt hatte. Und wie Apostel bemühten sie sich, ihre Nachbarn durch Wort und Beispiel zu lehren, dass der einzige Weg, ihre Seele zu retten, darin besteht, Gott zu fürchten und zu lieben und die Sünde zu meiden. Das Lebensbeispiel von Antonio und Amata, der Frieden und das Glück, das in ihrem schlichten Haus herrschte, und die Fröhlichkeit und Freude, die sich in ihrem Verhalten spiegelte, führte viele dazu, sie zu achten und zu bewundern, aber auch ihren frommen Lebensstil nachzuahmen. Mit Recht können wir sagen, dass das kleine, mit Wein bewachsene Häuschen in Roccaporena ein frommes, harmonisches Heim gewesen sein muss. Und wenn die Welt mit mehr solchen Heimstätten gesegnet wäre, würde es auch mehr als eine heilige Rita geben.

Die wahre Geschichte des apostolischen Wirkens von Ritas Eltern kennt Gott allein. Doch ein Kapitel wurde uns von zuverlässigen Chronisten des Augustinerordens übermittelt. Sie berichten, dass Ritas Elternhaus wirklich ein Haus des Gebets war und dass ihre Eltern ein Leben in vollkommener Übereinstimmung mit den Geboten Gottes und der Kirche führten. Morgens und abends betrachteten sie das Leiden Christi. Beide pflegten zudem eine tiefe Verehrung der allerseligsten Jungfrau Maria. Im weiten Umkreis von Roccaporena waren Antonio und Amata für ihre Freundlichkeit und Fröhlichkeit bekannt. Wohin sie auch kamen, strahlten sie Güte aus und linderten so manches Leid. In vertraulichen Angelegenheiten wetteiferten sie sogar mit den Priestern der Pfarrei. Durch ihre Liebeswürdigkeit konnten sie Familienstreitigkeiten lösen und ihr kluger Rat brachte viele religiös Gleichgültige zurück auf den Weg der Freundschaft mit Gott.

Antonio und Amata waren erfüllt vom Geist und von der Gnade Gottes und so entfaltete sich in ihrem Herzen der Eifer, Seelen zu retten. Sie hassten die Sünde und liebten den Sünder. Daher suchten sie, wann immer sich die Gelegenheit bot, einen Weg, auf Menschen zuzugehen, die schwere Schuld auf sich geladen hatten, ohne sie in Verlegenheit zu bringen oder zu beleidigen. Sie wiesen sie liebevoll zurecht und ließen nicht davon ab, bis auch die verstocktesten Sünder angerührt wurden und lernten, ihre Sünden zu bereuen und sich mit Gott zu versöhnen.

Oft, wenn Ritas Eltern mit Nachbarn sprachen, die mit ihrem Leben unzufrieden waren und gegen die göttliche Vorsehung murrten, wechselte das Ehepaar geschickt das Thema und sprach so bewegend vom Leiden Christi, dass die Zuhörer ihre eigenen Prüfungen und Kümmernisse vergaßen und sich schämten, nicht bereit gewesen zu sein, ein wenig für Jesus zu leiden, der so viel für sie gelitten hatte. Und auch wenn Bosheit und Verleumdung das Feuer der Zwietracht entfacht hatte und Rachsucht in den Herzen Einzelner oder ganzer Familien aufloderte, setzten Antonio und Amata eine gottgefällige Diplomatie ein, die ihnen von oben eingegeben wurde. Sie brachten die Stimme der Verleumdung zum Schweigen, entwaffneten die Rachsucht und verwandelten die Feinde in Freunde. Dieser apostolische Eifer, diese Sanftmut im Umgang mit den Sündern, dieses Feingefühl, mit dem sie Feinde miteinander versöhnten und Streitigkeiten beilegten, trugen Ritas Eltern den Titel *Friedensstifter Jesu Christi* ein.

In Roccaporena gab es den Brauch, jedes Jahr einen Mann oder eine Frau zu ernennen, deren Aufgabe es war, die Streitigkeiten und Auseinandersetzungen unter den Einwohnern zu schlichten. Die Ernennung nahm der Ortspfarrer am ersten Fastensonntag in der Kirche vor. Er war immer sehr darauf bedacht, eine kluge Wahl zu treffen. Wegen ihres guten Rufes und ihrer Beliebtheit war es ganz natürlich, dass Antonio Lotti und seine Frau wiederholt zu Friedensstiftern in Roccaporena ernannt wurden. Mehrere Biografen berichten, dass ihr Urteil immer angenommen wurde, als käme es von Gott.

In diesem Frieden und Glück, den Früchten eines echt christlichen Lebens, fehlte im Heim Antonios und seiner Frau jedoch etwas. Gott hatte ihnen kein Kind geschenkt. Und obschon sie oft und innig darum gebetet hatten, schien Gott gegenüber ihrer Bitte taub zu sein. Sie waren natürlich enttäuscht, weil ihre Gebete nicht erhört wurden, aber sie hörten nicht auf zu beten. Und als sie schon im fortgeschrittenen Alter waren, verdoppelten sie ihre Gebete. So stark waren ihre Hoffnung und ihr Gottvertrauen. Gott belohnte ihr Vertrauen und gewährte Amata Ferri dieselbe Gnade, die er Hanna, der Mutter Samuels, geschenkt hatte, wie auch Elisabeth, der Mutter Johannes' des Täufers.

Eines Abends, als Amata in ihrem bescheidenen Heim betete, erschien ihr in einer Vision ein Engel und teilte ihr mit, es sei Gottes Wille, dass sie eine Tochter empfangen werde, die das *Siegel der Heiligkeit* tragen werde. Sie solle mit allen Tugenden begnadet sein als *Helferin in größter Not, Anwältin der Betrübten* und *Leitstern am Firmament der Kirche.* Amata war getröstet und beglückt durch die Worte des Engels, und als sie diese frohe Nachricht ihrem Mann Antonio erzählte, vereinten sich beide in einem tief empfundenen Gebet an Gott.

3. Kapitel

Ritas Geburt

Seit dem Abend, an dem der Engel Amata Ferri erschienen war und ihr mitgeteilt hatte, dass sie vor Gott Gnade gefunden hatte und ein Kind erwarten würde, war sie mit unsagbarer Freude erfüllt. Sie und ihr Mann Antonio verbrachten seither in Erwartung des frohen Ereignisses ihre Tage in einer innigen Beziehung mit Gott. Endlich kam die Zeit, in der das kleine Dorf Roccaporena, das von den Ortschaften Umbriens am wenigsten bedeutsam war, berühmt wurde als Geburtsort eines Kindes, das Jahre später als Dienerin Gottes und als große Heilige bekannt und verehrt werden sollte. Die Biografen der heiligen Rita nennen 1371 als Jahr ihrer Geburt.

Worte können kaum die unsagbare Freude von Antonio und Amata beschreiben, als sie voll Liebe ihre kleine Tochter betrachteten, Gottes kostbares Geschenk, die Frucht ihrer Sehnsucht und der Lohn ihrer langen Jahre des Hoffens und Vertrauens auf Gott. Die unerwartete Nachricht, dass Amata Ferri in ihrem Alter noch Mutter geworden war, verursachte viel Überraschung, Gesprächsstoff und Klatsch in Roccaporena. Alle Dorfbewohner betrachteten das Ereignis als wirklich wunderbar. Die Männer, Frauen und erwachsenen Kinder des kleinen Dorfes gratulierten den überglücklichen Eltern, und jeder, der in das lächelnde Gesicht des neugeborenen Kindes schaute, war bezaubert von der strahlenden Schönheit des kleinen Mädchens.

Ein paar Tage nach der glücklichen Geburt sollte das Neugeborene getauft werden. Beide Eltern überlegten also, wie das Mädchen heißen solle. Als sie noch über die Wahl des Namens nachdachten, ließ Gott sie wissen, dass das Kind Rita heißen solle. Dementsprechend wurde das Kind von Antonio Lotti und Amata Ferri am vierten Tag nach seiner Geburt in der Pfarrkirche von Cascia getauft, denn zu jener Zeit gab es in der Kirche von Roccaporena kein Taufbecken. Um den Wunsch Gottes zu erfüllen, wurde das Kind auf den Namen Rita getauft, ein Name, der bis dahin unbekannt war. Doch seither ist der wohlklingende Name Rita zahllosen kleinen Mädchen bei der Taufe gegeben worden.

Einige Biografen der heiligen Rita haben behauptet, dass sie bei der Taufe den Namen Margherita empfangen habe und dass Rita eine Kurzform dieses Namens sei. Doch auch wenn die Praxis, Namen zu verkürzen, bekannt und in Italien gerade bei Frauennamen üblich ist, schließen wir uns der Meinung des gelehrten Augustiners Didacus an, der davon ausgeht, dass die Tochter von Antonio Lotti und Amata Ferri auf den Namen Rita getauft wurde. Überdies ist in ihrem Heiligsprechungsdekret zu lesen, dass Amata in einer Vision gesagt wurde, sie solle ihr Kind Rita nennen.

Kurz nachdem Rita getauft war, bezeugte Gott durch ein einzigartiges Wunder, dass ihr Name kein menschlicher Einfall, sondern himmlischen Ursprungs war. Am Tag nach ihrer Taufe, fünf Tage nach ihrer Geburt, schwirrte und summte ein Schwarm von schneeweißen Bienen um das liebliche Gesicht der kleinen Rita, die friedlich in ihrer Wiege schlief. Die Bienen setzten sich auf ihre Lippen, und man konnte sehen, wie sie in ihren halb geöffneten Mund hineinflogen und wieder herauskamen, ohne sie zu verletzen oder aus ihrem Schlummer zu wecken. Alle, die Zeugen dieses einzigartigen Wunders waren, mussten anerkennen, dass dies ein Geheimnis in sich barg, auch wenn sie dessen Bedeutung nicht verstehen konnten. In späterer Zeit enthüllte Rita selbst die Bedeutung dieses Geheimnisses durch die einzigartige Sanftheit und Schlichtheit ihres Verhaltens und durch die außerordentliche Heiligkeit ihres Lebens, wofür der Bienenschwarm um ihre Wiege ein vorausdeutendes Zeichen gewesen war. Die Bienen waren auch ein geheimnisvolles Vorzeichen für die künftige Heiligsprechung Ritas, denn sie fand statt, als Urban VIII. die Kirche regierte, dessen Wappentiere die Bienen waren.

Dieses Wunder setzte sich noch Jahrhunderte fort in einem kleinen Bienenschwarm, der nun in einer Mauerritze des Klosters wohnt zwischen Ritas Zelle und ihrer Grabstätte. Sie sind aber nicht weiß, wie manche Biografen schreiben. Sie haben die Farbe gewöhnlicher Bienen mit Ausnahme der Hinterseite, die tiefrot und ohne Stachel ist. Den größeren Teil des Jahres verbringen diese Bienen, ohne große Aufmerksamkeit auf sich zu ziehen, doch während der letzten Tage der Karwoche verlassen sie ihren winzigen Aufenthaltsort und kehren am Fest der heiligen Rita zurück. Einmal wurde eine dieser Bienen in einem Glasbehälter an Papst Urban VIII. gesandt. Sie blieb jedoch nur einen Tag im Papstpalast und kehrte dann sofort zu ihren Gefährtinnen nach Cascia zurück.

4. Kapitel

Ritas Kindheit

Die Tugenden der Unschuld und der Reinheit sind Geschwister oder zumindest untrennbare Gefährtinnen. Sie sind so eng miteinander verbunden, dass sie wie ein und dieselbe Tugend erscheinen. Obgleich in der Kindheit ganz natürlich, ist die weitere Übung dieser beiden Tugenden eine Wirkung der göttlichen Gnade.

Ritas Eltern wurden bei der Erziehung des Kindes durch die Weisheit von oben geleitet und wachten mit liebevoller und eifriger Sorge über jeden Tag ihrer Kindheit, denn sie betrachteten sie als Geschenk des Himmels, Frucht einer besonderen Gnade, eher als Kind Gottes als das der Menschen. Von daher dürfen wir ohne Übertreibung sagen, dass die kleine Rita Lotti schon als Kind begann, ein heiligmäßiges und übernatürliches Leben zu führen. Denn kaum war sie in der Lage, ihre Vernunft einzusetzen, als bei ihr auch schon Unschuld und Reinheit erkennbar wurden. Diese Tugenden spiegelten sich auch auf ihrem Antlitz. Ihre Worte waren voll Sanftmut und übten eine geheimnisvolle Macht aus, die Seelen zu Gott hinzuführen, und ihre Taten zeugten von übernatürlicher Führung. Die kleine Rita war wie eine kostbare Pflanze, die Gott gleichsam mit eigener Hand in seinen Weinberg gepflanzt hatte, und mit liebender Sorgfalt ließ er den Tau der himmlischen Gnade auf diese zarte Pflanze fallen, die in späteren Jahren zu einem hoch aufragenden Baum seiner Herrlichkeit und Allmacht heranwachsen sollte.

So überrascht es nicht, dass die kleine Dienerin Gottes sich schon in frühen Jahren von anderen Kindern unterschied, denn in dem Alter, in dem die meisten Kinder gerne mit Puppen oder anderen Spielsachen spielen, interessierte sich Rita nicht für Kinderspiele oder Spielzeug. Dennoch war es nicht so, dass Rita anderen Kindern ihres Alters aus dem Weg ging, im Gegenteil. Sie hatte viele Freunde unter den Kindern von Roccaporena, und obgleich sie in der Regel nicht an ihren Spielen teilnahm, schaute sie doch gerne ihren kleinen Freunden beim Spielen zu. Auch als sie älter wurde, zog sie die Einsamkeit der Teilnahme an Lustbarkeiten oder Festen vor, auf denen die Mädchen von Verwandten und Freunden bewundert und verwöhnt wurden. Und oft, wenn ihre liebe Mutter sie der Mode entsprechend kleiden wollte, versteckte sich Rita in einem abgelegenen Winkel des Hauses, um zu beten und die göttlichen Geheimnisse zu betrachten, namentlich das Leiden Christi, eine Andachtsform, die sie von ihren Eltern übernommen hatte.

Aus der Abneigung der kleinen Rita gegenüber aufwendigen Kleidungsstücken dürfen wir nicht schließen, dass sie vielleicht eigensinnig oder ungehorsam war. Im Gegenteil, sie war ein sehr gehorsames Kind und liebte ihre betagten Eltern. Gerne saß sie bei ihrer Mutter und lauschte ihren weisen Ratschlägen. So war das eine sanfte Form der Ermahnung, die vermutlich von Gott kam und sich gegen jene Eitelkeit wandte, die leider zu oft durch die Nachgiebigkeit der Eltern in die Herzen ihrer Kinder gepflanzt wird.

Eines der wenigen großen Vergnügen Ritas war der gemeinsame Gottesdienstbesuch zusammen mit ihren Eltern. Oft veränderte sich bei der Heiligen Messe ihr Gesichtsausdruck. Manchmal zeigten sich Freude und Glück, dann wieder gab es Augenblicke, in denen sich Traurigkeit auf ihrem

Gesicht widerspiegelte. Dieser wechselnde Ausdruck von Glück und Traurigkeit gab ganz schlicht wieder, wie glücklich sie war, in der Gegenwart Jesu im Heiligsten Sakrament im Haus Gottes zu sein, und wie traurig sie wurde, wenn sie daran dachte, dass Jesus einen so schmachvollen Tod am Holz des Kreuzes sterben musste.

Die kleine Rita hatte auch eine große Liebe und Zuneigung zu den Armen. Wenn ihre Mutter ihr bei Tisch ihren Teller hinstellte, aß sie eine Portion selbst, die andere bewahrte sie auf, um sie einem armen Kind aus der Nachbarschaft zu geben. Das war für Rita ganz normal, und sicherlich empfand sie mehr Glück, einen Teil ihrer Mahlzeit verschenken zu können, als das zu essen, was für sie vorgesehen war.

Als die Leute von Roccaporena sahen, wie sehr Rita sich von den anderen Kindern des Dorfes unterschied, und als sie merkten, wie ihr Leben im Laufe der Jahre immer heiliger und von den Sakramenten geprägt wurde, achteten und verehrten sie Rita. Besonders die Mütter von Roccaporena waren erbaut von diesem heiligmäßigen, vorbildlichen Kind und sie rieten ihren Töchtern immer wieder, sich die kleine Rita Lotti zum Vorbild zu nehmen.

Der Ruf von Ritas heiligmäßigem Leben beschränkte sich nicht auf das enge Umfeld von Roccaporena. In vielen Städten und Dörfern Umbriens sprach man davon. Vor allem aber freuten sich die Einwohner ihres bescheidenen Heimatortes, denn sie sahen, wie sich verwirklichte, was der Schwarm der weißen Bienen an ihrer Wiege angedeutet hatte, die wie Schneeflocken in ihrem kleinen Mund ein und aus geflogen waren. Ihr Leben als Kind war so lieblich, dass sie wie ein kleiner lebendiger Engel erschien, der zwar in der Welt lebte, aber gleichsam immun war gegen alle Verdorbenheit.

5. Kapitel

Rita führt ein zurückgezogenes Leben

Gott ist wirklich wunderbar in seinen Heiligen. Ein sorgfältiges Studium des Lebens der heiligen Rita von Cascia wird jeden von dieser Wahrheit überzeugen. Schon als Kind war sie ein Vorbild für Unschuld und Reinheit, und obgleich noch ein Kind, hatte sie den glühenden Wunsch, in einer verborgenen Höhle oder Grotte ein Leben der Einsamkeit zu führen, wo sie ihre Tage in ununterbrochenem Gebet und in Kontemplation verbringen könnte. Sie sehnte sich danach, mit Gott allein zu sein. Doch hinderte sie die Liebe zu ihren Eltern und der Gehorsam, den sie ihnen schuldete, ihren Wunsch zu verwirklichen.

Ein wenig enttäuscht, aber keineswegs entmutigt, wankte sie nicht in ihrem Entschluss, zurückgezogen zu leben, um Gott so nahe wie möglich zu sein. An diesem Entschluss festzuhalten und zugleich gegenüber ihren Eltern gefügig zu sein, war für Rita ein schwieriges Problem. Doch war diese Schwierigkeit nicht von langer Dauer. Gott, der mit Freude das reine, unschuldige Herz seiner jungen Dienerin betrachtet haben muss, regte sie an, in einem abgeschiedenen Teil ihres Heims einen kleinen, jedoch schönen Gebetsraum zu errichten, wo sie vom Getriebe der Welt abgesondert ein Jahr lang leben konnte. Eine Ausnahme bildeten ihre Eltern, mit denen sie besprach, was notwendig war. Während dieses Jahres der Einsamkeit verbrachte Rita ihre Zeit vor allem mit der Meditation der schmerzhaften Geheimnisse der Passion Jesu

Christi. Als Hilfe malte sie einzelne Szenen des Lebens Christi an die Wände ihres kleinen Gebetsraumes: die Krippe mit dem Jesuskind, den Kalvarienberg als Ort seines Kreuzestodes, das Grab, in das sein heiliger Leib nach der Abnahme vom Kreuz gelegt wurde. Wahrscheinlich schmückte auch ein Bild der Gottesmutter eine Wand ihres Gebetsraumes. Der Blick auf diese Bilder half ihr, sich bei ihren Gebeten und Meditationen nicht zu zerstreuen. Vielmehr wurden ihr Herz und ihre Seele von Jesus Christus angezogen wie von einem Magneten, sodass sie nichts mehr begehrte als die Liebe ihres gekreuzigten Herrn.

Am Ende dieses zumeist in der Einsamkeit verbrachten Jahres erkannte Rita, dass ihre Eltern ständig auf ihre Hilfe und Unterstützung angewiesen waren, besonders ihre Mutter. Antonio Lotti, früher so robust und kräftig, war inzwischen so geschwächt, dass er nur noch unter großen Schwierigkeiten seinen kleinen Garten bestellen konnte, aus dem das Gemüse für die spärlichen Mahlzeiten stammte. Seine treue Amata, deren Kräfte durch das Alter aufgezehrt waren, konnte auch nur noch einen kleinen Teil der Hausarbeiten erledigen. Rita wusste um die Pflichten der Kinder gegenüber ihren Eltern, und so sah sie ein, dass es Gottes Wille war, ihr Leben der Zurückgezogenheit aufzugeben, damit sie ihre Pflichten gegenüber ihren betagten Eltern erfüllen konnte. Deshalb übernahm Rita zur großen Freude ihrer Eltern den Haushalt ihres bescheidenen Heimes.

Wie gut Rita ihre Aufgaben erledigte, lässt sich leicht vorstellen. Es hat ihren Eltern und besonders ihrer Mutter zweifellos gefallen, wenn sie sah, wie fleißig und sorgfältig ihre Tochter den Haushalt führte. Doch obwohl Rita so sehr mit der Hausarbeit beschäftigt war, schien ihre Arbeit nie das Gebet zu beeinträchtigen oder zu unterbrechen. Sie erwarb die wunderbare Fähigkeit, ihr Tun mit dem inneren Gebet zu verbinden und beständig in der Gegenwart Gottes zu bleiben.

Nach einigen Jahren kam Rita in das Alter, in dem junge Mädchen, speziell in Italien, gewöhnlich ihren künftigen Lebensstand wählen. Aus dem Brevier der Augustiner erfahren wir, dass Rita zwölf Jahre alt war, als sie ihre Wahl traf. Sie fragte niemanden um Rat außer Gott, und da sie nur den einen Wunsch hatte, ihre Jungfräulichkeit Gott zu weihen, um besser die Integrität ihrer Seele bewahren zu können, deren Boten die weißen Bienen an ihrer Krippe gewesen waren, beschloss sie, eine echte Braut Christi zu werden und als Nonne das Ordensleben zu wählen. Doch leider mussten noch viele Jahre vergehen, bevor Ritas Sehnsucht sich erfüllte. Gott ließ es zu, dass sie erst, nachdem sie im Schmelztiegel der Leiden und Widersprüche geprüft worden war, endlich das Glück fand, nach dem sich ihr Herz seit ihrer Kindheit gesehnt hatte.

Nachdem Rita beschlossen hatte, eine Braut Christi zu werden und sich ganz seinem Dienst zu weihen, war ihr erster Gedanke, als gehorsame Tochter ihre Entscheidung den Eltern mitzuteilen und ihre Erlaubnis zu erbitten. So wartete sie eines Abends, als die Eltern miteinander sprachen, bis sie ihr Gespräch beendet hatten. Dann teilte sie ihnen ihren Entschluss, Ordensfrau zu werden, mit.

Antonio und Amata waren von dieser Nachricht überwältigt, und ihre alten, faltigen Gesichter trübten sich vor Traurigkeit über das, was ihre Tochter ihnen erzählt hatte. Und als Rita fortfuhr, demütig, aber mit schier übernatürlicher Redekunst um die Erlaubnis ihrer Eltern zu werben, drangen ihre Worte wie Pfeile in die Herzen der Eltern und trieben ihnen die Tränen in die Augen. Da jedoch Rita ihre Eltern liebte und nichts tun wollte, was ihnen den geringsten Kummer oder Schmerz bereitete, endete ihre Bitte mit Worten, dass sie den Willen der Eltern erfüllen werde.

Die Stille, die Ritas ernster Bitte um die Erlaubnis zum Ordenseintritt folgte, ließ sie erahnen, dass die Eltern ihre Gründe hatten, ihr den Wunsch nicht zu erfüllen. Schließlich konnten sie ihre Sorge nicht mehr verbergen und brachen das Schweigen. Mit Tränen erinnerten sie Rita an ihr fortgeschrittenes Alter und daran, dass sie ihr einziges Kind und nach Gott ihre einzige Stütze sei, ihr Trost und ihre Hilfe. Schließlich fügten sie auch noch hinzu, dass sie hofften, Rita möge ihre Familie vor dem Aussterben bewahren. Antonios und Amatas Tränen und Bitten blieben nicht ohne Frucht. Bisher hatte Rita ihren Eltern nie den Gehorsam verweigert. Eigentlich war sie gewöhnlich sogar ihren Wünschen zuvorgekommen. Doch in diesem Fall weiß nur Gott, was es für Rita bedeutete, ihren Eltern zu sagen, dass sie ihrem Willen gehorchen, weiterhin zu Hause bleiben und ihnen im Alter helfen werde. Dennoch, obwohl die Liebe und der Gehorsam sie daran hinderten, den Weg des Ordenslebens einzuschlagen, war sie fest entschlossen, ihrem Bräutigam Jesus Christus eine treue Braut zu bleiben. Ihm hatte sie im Herzen ihre Treue versprochen.

6. Kapitel

Ritas Verzicht auf das Ordensleben

Doch auch wenn Rita einsah, dass wenig Hoffnung bestand, den Ordensstand zu ergreifen, zumindest solange ihre Eltern lebten, war ihre Liebe zu Jesus Christus und zur Jungfrau Maria so groß, dass sie beschloss, niemals eine Ehe einzugehen. Nach diesem Beschluss füllte eine doppelte Freude Ritas Herz: So konnte sie ihrem göttlichen Bräutigam treu bleiben und zugleich ihren Eltern eine liebevolle und gehorsame Tochter sein. Diese zweifache Freude spiegelte sich in ihrem Gesicht, und während sie tagein, tagaus ihre Aufgaben im Haus erledigte, verbreitete sich ein Schein des Glücks um sie herum.

Allerdings war Ritas Glück von kurzer Dauer. Ihre Liebe und ihr Gehorsam gegenüber ihren Eltern wurden erneut auf die Probe gestellt in einer Prüfung, die einen echten Kampf in ihrer Seele zwischen ihrer Liebe zu Gott und der Liebe zu den Eltern auslösen sollte. Antonio Lotti und Amata Ferri waren heilfroh, dass ihre Tochter die Idee des Klostereintritts aufgegeben hatte, und beschlossen nun, dass sie heiraten sollte. Sie hatten schon angedeutet, dass dies ihr Wunsch sei, als sie Rita von ihrer Pflicht als Tochter überzeugten, bei ihnen zu bleiben. Aber sicherlich wäre es ihr, als sie der dringlichen Bitte ihrer Eltern nachgab, nicht in den Sinn gekommen, einen anderen Bräutigam zu haben als Jesus Christus. Man kann sich also vorstellen, wie Rita zuerst vollkommen überrascht wurde und sie dann eine unaussprechliche Seelenqual ergriff, als ihre Eltern ihr sagten, sie wollten einen Ehemann für sie suchen, denn sie wünschten, dass sie heirate. Das vorgerückte Alter der Eltern gab ihren Worten Nachdruck und sie bestanden darauf, dass Rita ihrem Wunsch zustimmte. Sie erinnerten ihre Tochter daran, dass sie ihnen noch in fortgeschrittenem Alter geschenkt wurde, lange nachdem sie die Hoffnung auf Nachwuchs fast aufgegeben hatten, und sie betonten, dass Rita durch ihre Heirat nicht nur ihre Familie vor dem Aussterben retten, sondern auch ihre alten Tage glücklich und angenehm machen würde. Man könnte versucht sein, Antonio und seine Frau Amata zu verurteilen, weil sie sich das Recht anmaßten, ihrer Tochter den Stand der Ehe aufzuzwingen und sie zum Gegenstand menschlicher Berechnung zu machen, wenn man nicht überzeugt wäre, dass Gott in seiner unerforschlichen Weisheit dies alles zugelassen hat, damit seine auserwählte Dienerin Rita, die zunächst ein Vorbild für christliche Jungfrauen war, auch zum Vorbild für christliche Ehefrauen und Mütter werden sollte.

Aufgrund der unerwarteten Ankündigung ihrer Eltern flossen bei Rita Ströme von Tränen und es brach ihr fast das Herz. Als diese Qual in ihrer Seele etwas abebbte, fand Rita ihre Sprache wieder und sie sagte zu den Eltern schlicht, dass sie niemand anderen als Jesus Christus zum Bräutigam haben möchte und dass sie sich seinem Dienst geweiht habe.

Aber Antonio und Amata hatten entschieden, dass ihre Tochter heiraten sollte, und so stießen Ritas tief empfundene Worte auf taube Ohren. Die Arme spürte, dass weitere Worte nutzlos waren. Deshalb wollte sie mit Gott allein sein, verließ ihre Eltern und eilte in die Einsamkeit und Stille ihres geliebten Gebetsraumes. Dort fiel sie auf die Knie, schaute voll Hoffnung und Vertrauen zum Kreuz empor und bat ihren gekreuzigten Herrn, die bange Ratlosigkeit von ihr zu nehmen, die ihr das Herz zuschnürte.

Es ist sicher, dass Gott das innige Gebet, das Rita in ihrem kleinen Gebetsraum an ihn richtete, in seiner Gnade erhörte und ihr gepeinigtes, aufgewühltes Herz beruhigte und tröstete. Und wir dürfen glauben, dass Gott seiner Dienerin Rita kundtat, sie solle ihren Willen dem der Eltern unterordnen und ihnen gehorchen.

Sobald Rita eingesehen hatte, dass es Gottes Wille war, den Wunsch der Eltern zu erfüllen, und dass sie dadurch Gott mehr gefiele, als wenn sie ihrem eigenen Wunsch folgte, beschloss sie, hier und jetzt dem Willen Gottes zu gehorchen und dem Wollen und Wünschen ihrer Eltern keinen Widerstand mehr entgegenzusetzen. So kehrte Rita zu ihren Eltern zurück, warf sich zu ihren Füßen nieder, bat demütig um Vergebung für ihren Widerwillen und versprach, in den Ehestand einzuwilligen, den sie nach dem elterlichen Willen wählen sollte.

7. Kapitel

Ritas Heirat

Antonio Lotti und Amata Ferri waren froh und glücklich, dass ihre Tochter eingewilligt hatte, in den Stand der Ehe einzutreten, und so gingen sie umgehend auf die Suche nach einem geeigneten Ehemann für Rita. Sie war von engelhafter Schönheit, bescheiden und liebenswert. Rita Lotti hätte viele Bewerber haben können, wenn sie es gewollt hätte. Alle, die sie sahen, konnten sich dem Reiz ihrer physischen Schönheit nicht entziehen, und alle, die sie kannten, waren bezaubert von ihrer angeborenen Bescheidenheit, sowohl in ihrem Verhalten als auch in der Art, wie sie sprach. Mit einem Wort, Rita Lotti wurde von jedem geschätzt und geachtet, der mit ihr in Kontakt kam. Wir können uns leicht vorstellen, dass es unter den vielen vorbildlichen und fleißigen jungen Männern mehr als einen gab, der sie gerne zur Ehefrau ausgesucht hätte.

Doch nun war die Zeit gekommen, in der Rita in ein neues Lebensstadium eintreten sollte. Sie hatte dem Drängen ihrer betagten Eltern nachgegeben und eingewilligt, denjenigen zu heiraten, den sie als ihren Ehemann wählen würden. Es besteht kein Zweifel, dass Rita selbst anders und besser gewählt hätte als ihre Eltern. Aber Rita hatte bei dieser Wahl keine Stimme. Ihre Eltern wählten als ihren künftigen Schwiegersohn einen jungen Mann namens Paolo Mancini. Frühe Biografen der heiligen Rita berichteten, dass Paolo der Sohn wohlhabender, einflussreicher Eltern war. Er war begabt, aber stolz und überheblich, mürrisch und nicht im Mindesten religiös.

Zweifellos fühlte sich Paolo, charakterlich und vom Temperament her das genaue Gegenteil der bescheidenen und sanften Rita, hochgeehrt, als er von Ritas Eltern erfuhr, dass sie das einzige Kind war und er unter all den jungen Männern von Roccaporena der Einzige war, der um ihre Tochter werben durfte, um sie als seine Braut zum Altar zu führen. Paolo erwies sich als glühender Verehrer und nach einer kurzen Verlobungszeit gaben sich die beiden vor dem Altar in der Gegenwart Jesu Christi im Heiligsten Sakrament das Eheversprechen.

Wie in Italien üblich, verbrachten Paolo und Rita die Wochen nach der Hochzeit mit Besuchen bei Verwandten und Freunden. Äußerlich schien Rita glücklich zu sein. Sie schüttelte die Hände aller, die ihr gratulierten, und dankte mit einem liebenswürdigen Lächeln für die vielen guten Wünsche, die ihr entgegengebracht wurden. Doch ihr Herz und ihre Seele konnten sich an den Festlichkeiten nicht wirklich erfreuen.

Nach kurzer Zeit begann Paolo seinen wahren Charakter zu zeigen, und Rita erfuhr, dass diese Ehe zu einer Lehre der Prüfungen und Sorgen werden sollte. Das fast unmenschliche Verhalten Paolos gegenüber seiner Frau lässt sich kaum in Worte fassen. Wenn er zu ihr sprach, waren seine Worte immer harsch und gemein. Wie das Meer, das vom geringsten Wind aufgepeitscht wird, regte sich Paolo bei allem auf, was Rita sagte oder tat. Anstatt ihr Begleiter und Beschützer zu sein, verfolgte er sie gnadenlos.

Der Schwere und Belastung einer solchen Behandlung, die man als Martyrium bezeichnen kann, wäre so manche junge Ehefrau erlegen, nicht aber Rita. Tapfer und mit erstaunlichem Mut erlitt sie die Gemeinheiten und Grobheiten ihres grausamen Ehemannes und mit der Hilfe Gottes, der ihr die Gnade der Duldsamkeit verlieh, gab sie ein überzeugendes Beispiel für Demut und Geduld.

Mit diesen beiden Tugenden ausgestattet, machte sich Rita daran, das mürrische Wesen und die widerborstige Veranlagung Paolos zu besiegen. Da sie von früher Kindheit an in der Kunst der Haushaltsführung geübt war, verrichtete sie die Hausarbeit mit großer Sorgfalt. Unermüdlich versuchte sie, das Heim zu einem kleinen Paradies zu machen, wie nur eine gute Ehefrau es vermag. In ihrem Bemühen, Paolos grimmige Wut und seinen Zorn zu beschwichtigen, hielt sie manchmal strenges Schweigen ein und sprach kein Wort, dann wieder tat sie demütig, was er ihr befahl. Sehr oft antwortete sie ihm, wenn sie dazu gezwungen war, mit ganz sanften Worten.

Doch leider, statt sich zu besänftigen, wurde Paolos hässlicher, grimmiger Charakter immer mehr zu einer Art Folterinstrument für Ritas Geduld. Als Paolo ihr die eheliche Treue versprochen hatte, erwartete sie, dass er ein liebender Ehemann und ein gütiger Gefährte sein würde. Doch stattdessen erwies er sich als ihr Feind, der sie ständig kränkte und quälte. Er vergeudete und verschwendete viel Geld beim Spiel, und wenn er Rita auch mehr als genug Geld für den Haushalt gab, beschwerte er sich immer darüber, dass sie verschwendungssüchtig sei. Immer wieder beleidigte er sie mit verletzenden und unflätigen Worten und wahrscheinlich griff er sie auch manchmal tätlich an. Doch Rita ertrug all dies mit heroischer Geduld, weil es Gottes Wille war, dass sie ein Spiegel der Geduld wurde.

8. Kapitel

Rita bekehrt ihren Ehemann durch Demut und Geduld

Im Charakter jedes großen Heiligen gibt es eine eigentümliche Tugend, die in besonderer Weise unsere Aufmerksamkeit und Bewunderung auf sich zieht. Einige Beispiele aus dem Augustinerorden: Beim heiligen Augustinus selbst war es die brennende Liebe zur Buße nach seiner denkwürdigen Bekehrung, bei der heiligen Monika entdecken wir eine besondere Liebe zum Gebet, beim heiligen Thomas von Villanova fällt seine außerordentliche Liebe zu den Armen und Bedürftigen auf und die heilige Klara von Montefalco bewegt uns durch ihre tiefe Verehrung des Leidens Christi. Und wenn wir auf die heilige Rita von Cascia schauen, müssen wir feststellen, auch wenn sie in einem außergewöhnlichen Maß all die Tugenden besaß, die ihre geistlichen Brüder und Schwestern auszeichneten, dass sie hauptsächlich durch ihre Liebe zur Demut und Geduld unsere Bewunderung und Verehrung auf sich zieht. In diesem Kapitel werden wir sehen, dass es ebendiese Tugenden waren, wodurch sie ihren schwierigen Ehemann von seiner Bösartigkeit abbrachte und ihr Haus allmählich in ein friedliches Heim verwandelte.

Wie wir sahen, tat Paolo durch sein bösartiges Verhalten alles, um Rita traurig und unglücklich zu machen. Doch wie die starke Frau in der Heiligen Schrift vergalt sie ihm dies mit Gutem, nicht mit Schlechtem. Eingedenk ihres Versprechens vor dem Altar gehorchte Rita ihm in

Demut sehr eifrig und genau. Sie war sehr zurückhaltend und blieb zu Hause, anstatt die Frauen der Nachbarschaft zu besuchen oder mit ihnen zu plaudern. Sie verließ das Haus nicht, außer um ihre alten Eltern zu besuchen oder zur Heiligen Messe oder zur Vesper zu gehen. Sie ging nirgendwohin, ohne ihren Mann zu informieren oder um Erlaubnis zu bitten. Sie achtete sehr darauf, dass Paolo es behaglich hatte und dass seine Kleider immer makellos sauber waren. Klug und besonnen führte sie den Haushalt, und um ihre Worte durch ihr eigenes Beispiel zu belegen, kleidete sie sich selbst sehr schlicht. Sie hatte keinerlei Bedürfnis nach teuren oder modischen Kleidern oder nach Schmuck. Zu ihren Hausangestellten war sie freundlich und bemühte sich, dass sie bei ihrer Arbeit froh und zufrieden sein konnten. Sie achtete darauf, dass sie ihre religiösen Pflichten erfüllten, lehrte sie Höflichkeit und gute Sitten und half ihnen, vorbildlich auf Gehorsam, Ordnung und Anstand zu achten. Und in Roccaporena sagte man: Wenn Rita Lotti früher das Muster eines vollkommenen jungen Mädchens war, so ist sie jetzt das Muster einer vollkommenen Ehefrau.

Von Beginn ihrer Ehe an war Paolo ein Hindernis für den Frieden gewesen. Doch Rita begegnete seinem Widerstand mit Demut und Geduld. Immer wenn ihr Mann wütend wurde, bemühte sie sich, ihn zu besänftigen, oft durch Schweigen, wobei diese Stille eigentlich wortloses Gebet war, das zum Himmel emporstieg. Zu anderen Zeiten wartete sie, bis sein Wutanfall vorüber war, und versuchte dann, ihn sanft zur Vernunft zu bringen und ihm zu zeigen, wie sehr er Gott beleidigt hatte und wie wenig er doch seinen Verstand zum Zuge kommen ließ, wenn Wut und Leidenschaft ihn beherrschten.

Dieses Verhalten Ritas übte eine tiefe, heilsame Wirkung auf ihren Ehemann aus, und öfter, nachdem sie ihn milde zurechtgewiesen hatte, weil er wieder seinem Zorn nachgegeben und sie beleidigt hatte, war er irgendwie peinlich berührt und schämte sich sogar über sich selbst. Dann stürmte er aus dem Haus und kehrte erst zurück, wenn er sich völlig beruhigt und besonnen hatte.

Mit der Zeit bemerkte Rita voller Freude, dass Paolos Verhalten und Reden ihr gegenüber weniger cholerisch und weniger brutal zu werden begann. Ihre Demut und Geduld, unterstützt von Gebet und Tränen, besänftigte sein heftiges, fast unbeherrschbares Temperament. Gott öffnete ihm die Augen und ließ ihn einsehen, was für ein barbarischer Ehemann er war, wenn er seine Frau so bedrängte und quälte. Sie aber ertrug und erduldete seine Wutausbrüche mit der Sanftheit einer Taube. Sie diente ihm demütig und respektierte ihn, wenn er selbst allen Respekt verloren hatte. Sie gehorchte ihm auch, wenn der Gehorsam sie viel Leid und manche Demütigung kostete.

Schließlich veränderte sich Paolo. Wie in einer Vision sah er, was für ein Mensch er gewesen war, und bereute es zutiefst. Er bekannte mit Kummer im Herzen, dass er, von Leidenschaft verblendet, ein undankbarer und gewalttätiger Ehemann gewesen war. Oft dankte er Gott, dass er ihm in Rita eine so gute und vorbildliche Ehefrau gegeben hatte, die ihn durch ihre Demut und Geduld vom Weg der Bosheit und Unordnung auf den Pfad der Tugend und des Friedens geführt hatte. Dadurch hatte sie ihn zur Treue in Bezug auf seine Pflichten als guter Ehemann geführt.

Als zwischen Paolo und Rita Frieden und Harmonie herrschten, wurde ihr Heim zu einem Ort der Freude. Paolo hatte nun Worte der Freundlichkeit auf den Lippen statt des Ärgers, der Drohungen und Beschimpfungen. Zu Hause war er die Liebenswürdigkeit in Person und anderswo konnte er sich nicht genugtun, ihre Tugenden zu preisen. Rita selbst war außerordentlich glücklich. Unermüdlich dankte sie Gott, dass er ihr geholfen hatte, ihren Mann von einem tobenden Löwen in einen treuen, liebevollen Gatten zu verwandeln. Es ist kein Wunder, dass Rita von den Menschen bewundert wird als Vorbild einer christlichen Ehefrau.

9. Kapitel

Gott segnet Ritas Ehe mit zwei Kindern

Kaum hatte Rita begonnen, die Früchte von Paolos Bekehrung zu genießen, als ein neuer Kummer sie traf. Ihre alten Eltern starben und gingen zu Gott heim. Rita trauerte über ihren Tod nicht nur, weil sie ihre Eltern mit tiefer Zuneigung geliebt hatte, sondern auch weil sie sie die ersten Schritte in der Frömmigkeit gelehrt und auf den Weg der christlichen Vollkommenheit geführt hatten. Doch ihre Trauer wurde bald gelindert, denn Gott in seiner Güte gewährte ihr eine große Gnade, die ihr Herz mit Glück und Freude erfüllte.

Während der unglücklichen Jahre, die auf Ritas Heirat mit Paolo folgten, die geprägt waren durch sein unchristliches Leben und sein rücksichtsloses Verhalten sowie durch Ritas Gebete, Tränen und Prüfungen, hatte Gott ihre Ehe nicht mit Nachkommen gesegnet. Doch dieser Segen wurde Rita nicht verwehrt, sondern nur hinausgezögert. Es scheint, als habe Gott gewartet, bis Rita ihren Mann von seinen schlimmen Wegen abgebracht und dazu beigetragen hatte, ihn würdig zu machen, um aus Gottes Händen jenes Geschenk zu empfangen, das für ein Ehepaar das kostbarste aller Geschenke ist, ein Kind.

Man kann sich leicht vorstellen, dass Rita in den Stunden der Betrübnis und des Kummers traurig war, weil sie kein Kind in den Armen halten und liebkosen und dem sie leise ein Wiegenlied singen konnte. Dennoch lehnte Rita sich niemals gegen Gottes Willen auf, im Gegenteil, oft sagte sie: *Sia fatta la volontà di Dio* (»Es geschehe Gottes Wille«). Dieses kurze Gebet der Fügung in Gottes heiligen Willen wurde im Himmel gehört, und nachdem Rita in ihrem Heim Frieden gestiftet und Paolo zum Verständnis seiner christlichen Pflichten geführt hatte, schenkte Gott ihnen zwei Kinder gleichsam als Pfand, das den Frieden, das Glück und die Liebe ihres Mannes und ihrer selbst garantierte.

Die Geburt ihres ersten Kindes, das bei der Taufe den Namen Giovanni erhielt, erfüllte Rita und Paolo natürlich mit Glück und Freude. Sie richteten gemeinsam viele innige Dankgebete an der Wiege ihres kleinen Sohnes an Gott. Besonders Paolo war glücklich, denn er sah in seinem Sohn Giovanni die Zusicherung, dass seine Familie und sein Name fortbestehen würde, ein ehrenwerter Name, auch wenn er ihn immer wieder beschmutzt hatte, bevor er unter den heilsamen Einfluss seiner Frau kam.

Rita aber war die glücklichste aller Mütter in Roccaporena. Ihre ganze Liebe und Zuneigung konnte sie nun ihrem kleinen Sohn und seinem Vater zuwenden. So kann man sich leicht das Bild häuslichen Glückes vorstellen, wenn Rita und Paolo an der Wiege ihres kleinen Sohnes saßen, ihres *angioletto* (»Engelchen«), wie sie ihren Giovanni nannten. Als das Kind gut einen Monat alt war, trugen ihn seine Eltern zur Kirche und weihten ihn Gott. Sie baten Gott um Hilfe, damit das Kind nach seinem heiligem Willen erzogen werden konnte.

Doch nach den Plänen der göttlichen Vorsehung erwartete Paolo und Rita ein neues Glück, es wurde gleichsam verdoppelt. Rita brachte ein zweites Kind zur Welt, das Paolo getauft wurde. Wie sein Bruder Giovanni wurde auch er Gott geweiht. Nun hatten Rita und Paolo vier kleine Füße auf den Weg zum Himmel zu führen. Die Erziehung der beiden Kinder begann auf dem Schoß ihrer Mutter, und unter Liebkosungen und Zärtlichkeiten lehrte sie die Kinder den lieblichsten aller Namen, den Namen *Jesus*. Als Giovanni und Paolo heranwuchsen, lehrte Rita sie beten und versuchte alles, um ihnen eine gute Erziehung angedeihen zu lassen. Sie prägte ihnen den unschätzbaren Wert der Geduld und der Demut ein, für die sie selbst das beste Beispiel war.

Rita leitete ihre beiden Söhne und plante gewissenhaft ihre Erziehung. Ohne das säkulare Wissen zu vernachlässigen, achtete sie besonders darauf, sie im Glauben zu unterrichten. Auch Paolo unterstützte die Erziehung seiner Söhne, indem er ihnen ein gutes Beispiel gab. Denn Rita hatte ja auch ihm gezeigt, dass das gute Beispiel wie ein Erbe ist, das die Eltern auf die Kinder übertragen als fast unfehlbares Mittel, die Tugenden von einer Generation auf die nächste weiterzugeben.

Rita und ihr Mann hatten das Glück, Giovanni und Paolo heranwachsen zu sehen als aufrichtige, gehorsame und respektvolle Jungen, die tugendhaft und voll Liebe zu Gott waren.

10. Kapitel

Ritas Tugendhaftigkeit in ihrem Eheleben

Rita bewies während ihres gesamten Ehelebens, dass die Ausübung der Tugenden mit dem Ehestand nicht unvereinbar ist. Aber sie tat noch mehr. Sie verwirklichte in hohem Maß Tugenden, die vorrangig das geweihte Leben prägen (etwa bei kontemplativen Ordensleuten), und zwar ohne das geringste Hindernis. Ritas Geheimnis bei dieser Leichtigkeit in der Tugendübung beruhte auf Folgendem: Sie verharrte zu allen Zeiten und an allen Orten in der Gnade und in der Gegenwart Gottes. Sie war ganz für Gott da. Alles, was sie sagte oder tat, geschah zur Ehre und Verherrlichung Gottes. Je dringender die Pflichten waren, umso mehr fühlte sie sich zur Tugendübung hingezogen, denn sie hatte das Empfinden, nicht dankbar genug zu sein für all die Gnaden und Gunsterweise, die Gott ihr geschenkt hatte, wenn sie über die Tugenden ihres eigenen Standes hinaus nicht auch noch jene Tugenden übte, die zum geweihten Leben gehörten.

Obwohl sie niemals schwerwiegende Fehler beging, hielt sie ihren Leib durch ständige Fastenübungen in Zucht. Sie begnügte sich nicht mit dem Fasten in der vorösterlichen Bußzeit und den anderen von der Kirche vorgeschriebenen Fasttagen, vielmehr hielt sie im Laufe des Jahres zwei weitere Fastenzeiten ein und nahm an den Vigiltagen der Marienfeste nur Brot und Wasser zu sich. Obwohl Rita sich streng kasteite, tat sie es doch so vernünftig, dass ihr Ehemann und die anderen Mitglieder des Haushalts es kaum bemerkten. Je mehr Rita fastete und ihren Leib kasteite, desto schöner und anmutiger wurde sie. Doch auch wenn alle ihre Schönheit bewunderten, wurde sie doch noch mehr bewundert wegen der Schönheit ihrer Seele, die die Menschen in Roccaporena erahnten, weil sie ein so erbauliches Leben führte und so viele gute Werke verrichtete.

Im Umgang mit ihren Nachbarn war Rita sehr liebenswürdig und beleidigte niemanden. Wenn sie hörte, wie jemand schlecht über andere sprach, ermahnte sie ihn sanft, indem sie denjenigen verteidigte, über den geredet wurde, oder indem sie geschickt das Thema wechselte. Zahlreich waren die Menschen, die ihren Rat suchten und Trost in ihren Kümmernissen und Sorgen, und keiner bedauerte es, sie aufgesucht zu haben. Wenn eine Frau aus der Nachbarschaft sich bei ihr über die schlechte Behandlung durch den Ehemann beklagte, tröstete sie, die viele Jahre unter ihrem Mann gelitten hatte, und verwies darauf, dass es wichtig sei, selbst in dieser Situation keine Schuld auf sich zu laden.

Rita war auch ein Apostel echter Nächstenliebe. Ihre Liebe zu Gott verzehrte sie und es gab nichts, was sie aus Liebe zu Gott nicht auch ihrem Nächsten getan hätte. Sie besuchte die Kranken, versorgte sie mit Nahrung und Arznei. Sie verteilte Brot und Kleidung unter den Bedürftigen. Kurz gesagt, kein Armer in Roccaporena musste etwas entbehren, wenn Rita um seinen Mangel wusste.

Neben den leiblichen Werken der Barmherzigkeit widmete Rita viel von ihrer Zeit den geistlichen Bedürfnissen ihrer Mitmenschen. Sie ging auf jene zu, von denen sie wusste, dass sie ihre religiösen Pflichten vernachlässigten, und gewann sie dafür, sich zu bessern und eifrige Christen zu werden. Bei ihren häufigen Besuchen tröstete sie die

Kranken liebevoll und ermunterte sie, geduldig und ergeben zu sein. Nach der Überlieferung hat Rita bei vielen Kranken zur Genesung beigetragen durch ein einziges Ave-Maria, das sie an ihrem Bett betete. Den Trostlosen und Betrübten riet sie, das ganze Gewicht der Probleme und Schwierigkeiten Jesus auf die Schultern zu legen, damit er helfe, die Last zu tragen. Und schließlich schlichtete Rita auch die Feindseligkeiten unter den Nachbarn, wie es einst ihre Eltern als Friedensstifter in Roccaporena getan hatten. Ihre ernsten Worte drangen in die zornigen Herzen ein, löschten die lodernden Feuer des Hasses und der Rache und versöhnten die Feinde miteinander.

Ihre zahlreichen Taten der Nächstenliebe und die Zeit, die sie für Besuche bei Kranken und Armen verbrachte, störten weder die Führung ihres Haushalts noch ihr privates Gebet. Außer dem Morgen- und Abendgebet, das sie auf den Knien ihrer Mutter gelernt hatte, meditierte Rita jeden Tag über die wichtigsten Glaubensgeheimnisse, aber am liebsten meditierte sie über das Leiden Christi. Auch die Verehrung Jesu im Altarsakrament war ihr besonders wichtig, und sie besuchte die Pfarrkirche so oft wie nur irgend möglich. Und schließlich verehrte sie auch besonders die allerseligste Jungfrau Maria als ihre Beschützerin auf Erden und ihre Fürsprecherin im Himmel.

11. Kapitel

Paolos Tod und Ritas Trauer

Leider folgte auf die Tage der Harmonie und des Friedens schon bald eine Tragödie, die Ritas Herz mit Kummer und Sorgen erfüllte.

Auch wenn Rita ihren Ehemann durch ihre Güte verwandelt und zu einem Mann des Friedens gemacht hatte, gab es nicht wenige Feinde in Roccaporena, die sich an Paolo rächen wollten. Vor seiner Hochzeit und auch noch einige Jahre danach war er in viele Streitigkeiten und Auseinandersetzungen mit Kameraden verwickelt, die ebenso heißblütig und impulsiv waren wie er selbst, doch weil er leicht und geschickt mit dem Stilett und dem Dolch umging, blieb er in der Regel Sieger über seine Gegner. Diese Männer waren Paolos Feinde. Das Gift des Hasses schwelte in ihrer Brust, und obgleich Paolo ihre Gesellschaft mied, suchten sie eine Gelegenheit, sich an ihm zu rächen. Da seine Feinde nicht wagten, ihm allein zu begegnen, rotteten sie sich zusammen, wie Feiglinge das meistens tun, und als sie ihn eines Tages außerhalb der Mauern von Roccaporena antrafen, griffen sie ihn an, erstachen ihn und ließen seinen leblosen Körper mit den vielen Wunden am Straßenrand liegen.

Manche Historiker meinen, Paolo sei nicht kaltblütig ermordet worden, vielmehr habe er selbst in einem Anfall von Zorn den Streit angezettelt und sogar den ersten Hieb bei der Auseinandersetzung getan, in der er das Leben verlor. Andere sagen, der gewaltsame Tod sei eine

Heimsuchung Gottes gewesen, eine Strafe für seine äußerste Brutalität während der ersten Jahre der Ehe mit Rita. Wegen der zahllosen Verdienste, die seine heiligmäßige Frau im Himmel ansammelte, habe sich Gott seiner Seele erbarmt, auch wenn er zuvor nicht den Trost der Sakramente empfangen konnte.

Als die Nachricht von Paolos Tod samt den Umständen Rita zu Ohren kam, war sie vor Kummer wie gelähmt. Sie weinte, als würde ihr das Herz brechen, und obwohl sich ihre Freunde und Nachbarn sehr bemühten, ließ sie sich nicht trösten. Natürlicherweise empfand Rita einen großen Schmerz, wie ihn jede gute Ehefrau fühlt, wenn ihr der Mann plötzlich entrissen wird. Doch am meisten betrübte es ihr Herz, dass er ins jenseitige Leben hinübergegangen war, ohne durch die heilige Wegzehrung gestärkt worden zu sein, die den sterbenden Christen den Trost einer sicheren Reise in die Ewigkeit gibt. In ihrer Trauer und ihrem Kummer betete Rita zu Gott und bat ihn um Erbarmen für Paolo. Sie betete auch zu Jesus, ihrem göttlichen Herrn und Meister, dem Richter über die Lebenden und Toten, und flehte ihn an, dass sein kostbares Blut, das er für die Menschheit vergossen hatte, für Paolo nicht vergeblich geflossen sei. Rita vergaß auch nicht, sich in ihrer Trauer an die Jungfrau Maria zu wenden, die Mutter der Schmerzen, die Trösterin der Betrübten, die, wie der heilige Bernhard sagt, keiner je vergeblich angerufen hat.

Als der mit Wunden übersäte Leichnam ihres Mannes nach Hause gebracht wurde, überfiel Rita erneut die ganze Gewalt ihres Kummers und ihrer Trauer. Dann aber, ganz plötzlich, als habe eine Stimme aus dem Himmel ihr Ohr erreicht, hörte das Schluchzen auf. Und sie wappnete sich mit Ergebenheit.

Sie gab sich aber nicht mit diesem Akt der Ergebung in den Willen Gottes zufrieden, vielmehr kam im Schmelztiegel ihrer Geduld ihre Tapferkeit und auch ihre Bereitschaft zur Vergebung zum Vorschein. Denn sie ahmte Christus nach, der am Kreuz sterbend seinen himmlischen Vater um Vergebung für seine Peiniger gebeten hatte. Auf die gleiche Weise trat auch Rita für die Mörder ihres Mannes ein. Sie verzieh ihnen aus tiefstem Herzen und verwirklichte so die Lehre, die Jesus vom Kreuz aus gelehrt hatte.

Nachdem die Beisetzung vorüber war und die sterblichen Überreste ihres Mannes auf dem Friedhof von Roccaporena bestattet worden waren, führte Rita weiterhin ein tugendhaftes Leben, und da sie nun von vielen Aufgaben frei war, die das Eheleben mit sich gebracht hatte, entschloss sie sich, ausschließlich für Gott, den einzigen Herrn und Meister ihrer Seele, zu leben.

12. Kapitel

Rita bringt Gott das Leben ihrer Söhne zum Opfer

Paolos Tod hatte Rita zur Witwe gemacht, aber sie war nicht allein gelassen worden. Gott hatte ihr ja zwei Söhne geschenkt, die inzwischen herangewachsen waren. Ihnen widmete Rita nun ihre ganze Sorge und Aufmerksamkeit. Sie flehte täglich zu Gott, ihr zu helfen, ihre Söhne auf dem Weg der Gebote zu führen, in denen sie sie unterwiesen hatte. Giovanni und Paolo entwickelten sich so, wie ihre Mutter sie formte, und wuchsen in der Liebe zu Gott und in Gottesfurcht heran. Sie liebten ihre Mutter aus ganzem Herzen, achteten sie und gehorchten ihr.

Mit dem feinen Wahrnehmungsvermögen einer Mutter erkannte Rita jedoch, dass sich mit zunehmendem Alter der Charakter ihrer Söhne veränderte, dass sie manchmal, ihrem verstorbenen Vater nicht unähnlich, mürrisch, verdrießlich und reizbar waren. Vor allem Giovanni veränderte sich spürbar, als er kaum 16 Jahre alt war. Trotz der religiösen Erziehung durch die Mutter hatten die beiden in ihrem jugendlichen Alter jene falsche Vorstellung von Ehre und Gerechtigkeit in sich aufgenommen, die es der Familie auferlegte, Rache an dem Mörder eines Verwandten zu üben. Dieses verbrecherische und ungesetzliche Recht auf Rache und Vergeltung, *vendetta* genannt, war zu Ritas Lebzeiten in Italien sehr verbreitet.

Obschon Rita auffiel, dass ihre Söhne hin und wieder Bemerkungen über die Mörder ihres Vaters machten, wäre es ihr nie in den Sinn gekommen, dass sie daran dachten, seinen Tod zu rächen. Doch eines Tages erfuhr sie zu ihrem großen Erschrecken von einer geheimen Unterredung zwischen ihren beiden Söhnen, dass sie den Mord an ihrem Vater rächen wollten.

Als gute und heiligmäßige Mutter beschloss Rita jedoch, eine so abscheuliche und verbrecherische Handlung zu unterbinden. Sie rief Giovanni und Paolo zu sich, sagte ihnen, was sie gehört hatte, und bat sie unter Tränen, alle Rachegedanken aus ihrem Geist auszulöschen und zu vergessen, dass ihr Vater ermordet worden war. Sie stellte ihnen das Beispiel Christi vor Augen, der noch für jene um Verzeihung gebeten hatte, die ihn kreuzigten, und der für sie litt, damit sie das ewige Leben erreichen konnten. Durch dieses wunderbare Beispiel hoffte Rita zutiefst, ihre Söhne davon zu überzeugen, dem Mörder ihres Vaters zu vergeben. Auch erinnerte sie die beiden daran, dass sie trotz des Verlustes ihres irdischen Vaters einen himmlischen Vater hatten. Und schließlich stellte sie ihnen die schreckliche Sünde eines Mordes vor Augen und sagte ihnen ganz unverblümt, sie würden selbst zu Mördern, wenn sie den Tod ihres Vaters rächten.

So versuchte Rita, ihre Söhne auf den Weg der Gottesfurcht zu lenken. Doch nach einiger Zeit, so das Dekret ihrer Heiligsprechung, als sie sah, dass ihre Söhne in ihrer Rachsucht verharrten, floh sie unter das Kreuz und übergab die Angelegenheit Christus. Sie flehte ihn an, entweder das Begehren ihrer Söhne zu ändern oder ihr Leben nicht länger zu schonen. Gott erhörte ihr Gebet. Innerhalb eines Jahres starben ihre beiden Söhne, wohlvorbereitet auf den Tod.

13. Kapitel

Ritas Büßerleben nach dem Tod ihrer Söhne

Nun war Rita allein auf der Welt. Sie war Witwe und Waise zugleich. Ihr Ehemann und ihre beiden Söhne waren Seite an Seite auf dem Friedhof von Roccaporena begraben worden, und auch ihre alten Eltern, deren Sterbedatum nicht bekannt ist, waren zu Gott heimgegangen. Da Rita nun von allen Bindungen an diese Welt frei war, beschloss sie, nur noch für Gott zu leben und ihr Leben ganz in den Dienst Gottes zu stellen. Daher verbrachte sie einen Großteil ihrer Zeit in einem verborgenen Winkel der Kirche, betete innig und gesammelt und hörte nicht auf, Gott für all seine Gnaden und Wohltaten zu danken, die er ihr während ihres Lebens geschenkt hatte. Und weil sie hoffte, Gott würde sie eines Tages in jenen anderen Stand führen, den sie schon von früher Kindheit an ersehnt hatte, übergab sie sich Gott erneut mit Leib und Seele und verzichtete um der Liebe Gottes willen für immer auf alle Freuden und Vergnügungen, die die Welt ihr hätte bieten können.

Mit einem vom Feuer der göttlichen Liebe erfüllten Herzen hörte Rita eines Tages zufällig in der Kirche eine Predigt. Dabei zitierte der Priester die Worte Christi: »Wenn du vollkommen sein willst, geh, verkauf deinen Besitz und gib ihn den Armen; und du wirst einen Schatz im Himmel haben; und komm, folge mir nach!« (Mt 19,21). Rita verstand diese Worte als eine persönliche Einladung Christi. Daher beschloss sie, der göttlichen Aufforderung zu folgen, indem sie auf ihre zeitlichen Güter verzichten und in ein Kloster eintreten wollte, wo sie Tag für Tag ihrem göttlichen Bräutigam Jesus Christus bis zum Ende ihres Lebens dienen konnte. Von diesem Tag an fügte Rita neue Fasttage zu den vielen hinzu, die sie bereits zu halten gewohnt war. Sie fastete nun an den Vigiltagen ihrer besonderen Heiligen. Das waren Johannes der Täufer, Augustinus und Nikolaus von Tolentino. Täglich erbat sie ihre Hilfe, um sich gut auf das ersehnte Ordensleben vorzubereiten. Nach dem Tod ihres Mannes führte sie ein ganz zurückgezogenes Leben. Ihr Wunsch nach Abgeschiedenheit von der Welt war so stark, dass sie ihr Haus gleichsam in ein heiliges Gefängnis verwandelte. Sie schloss alle Fensterläden außer einem kleinen Fenster bei der Tür und einem, durch das sie zum Himmel emporschauen konnte. Sie verließ das Haus nur, um zur Kirche zu gehen und die Kranken, Armen und Bedürftigen zu besuchen. In der Nähe des Hauses, in dem Rita lebte, gibt es einen hohen Felsen. Nach einer alten Überlieferung stieg Rita oft auf diesen Felsen, um dem Himmel näher zu sein. Dort verbrachte sie viele Stunden im Gebet und in der Betrachtung. Die ganze Geschichte der Buße und Zurückgezogenheit nach dem Tod ihrer beiden Söhne ist kaum in Worte zu fassen. Die meiste Zeit verbrachte sie im Gebet, im Gespräch mit ihrem geliebten Jesus. Sie bat ihn immer wieder, Unterkunft in den geheiligten Mauern eines Klosters zu finden, um ihm dort zu dienen. Als sie sah, dass ihr göttlicher Freund ihr keine rasche Antwort auf ihre Gebete gab, weinte sie bittere Tränen.

In dieser kummervollen Zeit wurde sie schon durch wenige Augenblicke der Meditation getröstet, in der sie die Hingabe Jesu am Kreuz betrachtete.

14. Kapitel

Vergebliche Bitte um Aufnahme bei den Augustiner-Eremitinnen

Wie wir bereits wissen, hatte Rita den brennenden Wunsch, ihr Leben als Ordensfrau weiterzuführen. Da sie eine besondere Verehrung für den heiligen Augustinus und seinen geistlichen Sohn, den heiligen Nikolaus von Tolentino, empfand, wollte sie eine geistliche Tochter werden und einer Schwesterngemeinschaft beitreten, die derselben Regel folgte, die Augustinus als Bischof von Hippo in Nordafrika der von ihm gegründeten Gemeinschaft gegeben hatte. Zur Zeit Ritas existierten in Cascia zwei Konvente der Augustinerinnen. Eine der Gemeinschaften, die Augustiner-Eremitinnen, wohnten im Kloster der Heiligen Maria Magdalena. Das andere Kloster war nach der heiligen Märtyrin Luzia benannt. Es ist nicht bekannt, wann diese beiden Klöster gegründet wurden. Wir wissen nur, dass der Bischof von Spoleto im Jahr 1329 dem Konvent der heiligen Luzia gewisse Privilegien gewährt hatte.

Rita wusste, dass die Nonnen in diesen beiden Konventen Gott aus ganzem Herzen dienten. Manchmal pilgerte sie von Roccaporena nach Cascia. Bei diesen frommen Wallfahrten lenkte ihr Schutzengel immer ihre Schritte in die Kirche des Klosters der Heiligen Maria Magdalena. Dort betete und meditierte sie, bis es Zeit war, nach Hause zurückzukehren.

Eines Tages kniete sie im kleinen Gebetsraum ihres Hauses und schaute auf das Kruzifix. Sie sprach mit Jesus und erzählte ihm, wie sehr sie sich danach sehnte, in ein Kloster einzutreten und Nonne zu werden. Da drang ein Strahl göttlichen Trostes in ihr Herz. Rita erhob sich und machte sich bereit, nach Cascia zu gehen. Ihre Schritte führten sie direkt zur Pforte des Klosters der Heiligen Maria Magdalena. Mit zitternder Hand klopfte sie an die Klostertür und die Pfortenschwester öffnete. Als sie hörte, dass Rita die Priorin sprechen wollte, führte sie sie ins Sprechzimmer. Nachdem die Priorin, eine liebenswürdige Nonne, eingetreten war, legte Rita ihr in kurzen Worten den Grund ihres Kommens dar.

Sie erzählte der Priorin, dass sie sich seit ihrer Kindheit danach sehnte, sich Gott zu weihen, und dass sie es getan hätte, wenn nicht der Gehorsam gegenüber ihren Eltern sie daran gehindert hätte. Nun aber sei sie frei und bitte um die Aufnahme bei den Augustiner-Eremitinnen, um dem Herrn besser dienen zu können, auch wenn sie anerkenne, dass sie unwürdig sei, eine geistliche Tochter des großen heiligen Augustinus zu werden. Die Priorin hörte aufmerksam zu, als Rita ihre demütige, aber ernste Bitte aussprach, und erwiderte freundlich, dass sie diese Bitte dem Kapitel der Schwestern des Konventes vorlegen wolle.

Man muss hier bedenken, dass die Regel dieses Augustinerinnenordens hauptsächlich die Aufnahme von jungen Mädchen vorsieht, deren Berufung gesichert ist, dass aber auch Witwen zugelassen werden können, allerdings nur mit besonderem Dispens.

So überrascht es nicht, dass die Nonnen des Klosters der Heiligen Maria Magdalena in Cascia die Aufnahme Ritas ablehnten. Eine Mehrheit der Nonnen wies darauf hin, dass seit der Gründung noch nie eine Witwe in den Konvent aufgenommen worden war, und deshalb wäre es gleichsam ein Makel für das Kloster der Heiligen Maria

Magdalena, wenn sie Rita in ihre Gemeinschaft aufnähmen, auch wenn sie wüssten, dass sie eine Person mit einwandfreiem Charakter und sogar außerordentlich fromm sei.

Als die Priorin Rita mitteilte, dass die Nonnen in einem öffentlichen Kapitel gegen ihre Zulassung gestimmt hatten, nahm sie diese Information äußerlich ruhig auf, in ihrem Herzen war sie jedoch tief enttäuscht. Statt nach Roccaporena zurückzukehren, blieb sie in Cascia bei einer befreundeten Familie. Nach kurzer Zeit machte sie einen zweiten Versuch und erhielt wieder eine Absage. Sie versuchte es ein drittes Mal und flehte die Schwestern wortgewandt an, sie aufzunehmen. Sie fügte hinzu, dass sie selbst sich nicht als würdige Gefährtin der Bräute Christi betrachte. Alles war umsonst. Weil Gott Ritas Geduld noch mehr erproben wollte, ließ er zu, dass die Nonnen fest bei ihrer Entscheidung blieben. Und so teilte ihr die Priorin zum dritten Mal mit, es sei *unmöglich*, sie als Mitglied in den Konvent aufzunehmen, und bat sie, weitere Belästigungen zu unterlassen.

Als die Tür des Klosters der Heiligen Maria Magdalena hinter ihr zugefallen war, kehrte Rita nach Roccaporena zurück, weil sie dachte, die Zeit für das Glück, das sie ersehnte, sei noch nicht gekommen. Doch tief in ihrem Herzen spürte sie, dass Gott ihr bald zu Hilfe kommen und in seiner Allmacht helfen würde, das zu verwirklichen, was nach den Worten der Priorin des Klosters der Heiligen Maria Magdalena unmöglich war.

15. Kapitel

Der wunderbare Klostereintritt

Als Rita von Cascia nach Roccaporena zurückkehrte, klang ihr noch die Absage der Priorin im Ohr. Rita beschloss, jedes fromme Mittel einzusetzen, um zu erreichen, was nach Meinung der Menschen unmöglich war. In fester Entschiedenheit verbrachte Rita fast all ihre Tage und einen guten Teil der Nächte damit, Jesus zu bitten, die Zeit ihrer Unsicherheit zu verkürzen und sie als eine seiner Bräute in ein Klausurkloster eintreten zu lassen. Rita begnügte sich nicht damit, Jesus mit glühenden Gebeten und Bußübungen zu bedrängen, sie flehte auch ihre Patrone Johannes den Täufer, Augustinus und Nikolaus von Tolentino um Hilfe an, fest davon überzeugt, dass Gott durch ihre mächtige Fürsprache die Erfüllung ihres Herzenswunsches in dieser Welt ermöglichen würde. Ritas Zuversicht und Hoffnung wurden nicht enttäuscht. Sie, die lieber die Niedrigste unter den Bräuten Christi sein wollte, sollte schon bald das Glück finden, das sie schon als kleines Mädchen gesucht hatte. In der Tat, die Zeit war gekommen, dass Rita auf die wunderbarste Weise ins Kloster eintreten sollte.

Eines Nachts war sie tief ins Gebet versunken, als sie ein lautes Klopfen an der Tür ihres Hauses hörte und eine Stimme, die sie beim Namen rief: »Rita! Rita!« Da es schon spät war, überkam sie verständlicherweise einen Augenblick lang die Angst, aber ein Gebet, das sie zum Himmel schickte, gab ihr den Mut, ans Fenster zu gehen, es zu öffnen und nachzuschauen, wer sie rief. Da sie niemanden an der Tür sah, dachte sie, dass sie sich möglicherweise getäuscht hätte oder der Widersacher sie vielleicht vom Gebet abhalten wollte. Sie machte das Kreuzzeichen und setzte mit vermehrtem Eifer ihr Gebet fort. Wiederum wurde sie von derselben Stimme unterbrochen: »Rita! Rita! Hab keine Angst. Gott wird dich als seine Braut ins Kloster eintreten lassen.«

Diesmal verstand Rita die Bedeutung des zweifachen Rufs, der sie mit übergroßer Freude erfüllte. Und vom Feuer der göttlichen Liebe entbrannt, überließ sie sich einem innigen Gebet, sodass sie in Ekstase fiel und in einer Vision die drei erwähnten Heiligen sehen konnte, die sie um ihre Hilfe gebeten hatte. Und kaum gaben diese ihr zu verstehen, dass ihr Herzenswunsch erfüllt würde, als sie eine Stimme vom Himmel vernahm, die Stimme Jesu, der zu ihr sagte: »Komm, meine geliebte Rita. Nun ist es für dich Zeit, ins Kloster der Heiligen Maria Magdalena einzutreten, dessen Tür so oft verschlossen war.«

Sie erwachte wie aus einem tiefen Schlaf, erhob sich von ihrer Kniebank, ging zum Fenster und erblickte eine Ehrfurcht gebietende Person an der Tür. Diese trug ein Gewand aus Kamelhaaren mit einem Ledergürtel und gab ihr ein Zeichen, ihr zu folgen. Rita erkannte, dass es niemand anderes war als Johannes der Täufer, den sie in der Vision gesehen hatte. Sie verließ sofort das Haus und folgte voller Freude ihrem heiligen Führer. Gemeinsam erstiegen sie die schroffen Hänge des Felsens, an dessen Fuß Roccaporena liegt. Oben auf dem Felsen angekommen, erschienen ihr Augustinus und Nikolaus von Tolentino, und sie fühlte sich wie auf dem Berg Tabor, so leuchtend war das Licht, dessen Abglanz auf den Gesichtern ihrer drei Heiligen lag. Von dieser Szene ganz verwirrt, warf sich Rita zu ihren Füßen nieder, dankte ihnen demütig für alles, was sie ihr erwirkt hatten, und stellte sich erneut unter ihren Schutz.

Sie befahlen ihr, aufzustehen und ihnen zu folgen. Sie gehorchte sofort und folgte ihnen nach Cascia. Mit jedem Schritt kam Rita ihrem ersehnten Ziel näher und ihr Herz wurde von unsagbarer Freude erfüllt, als sie die himmlischen Worte ihrer Begleiter vernahm, die sich auf dem Weg miteinander unterhielten. Es war wirklich eine denkwürdige Wanderung, und Rita muss sich gefühlt haben wie die beiden Jünger, die auf dem Weg nach Emmaus mit Christus sprachen. Denn als sie in Cascia ankamen, genau an der Tür des Klosters der Heiligen Maria Magdalena, da empfand sie den Wunsch, sich mit Leib und Seele ihrem Bräutigam Jesus Christus zu weihen, stärker als je zuvor.

Obwohl sie die Pforte und die Fenster des Klosters natürlich verschlossen vorfanden, brachten ihre Begleiter sie dennoch in die Klausur und sagten zu ihr: »Rita, bleibe als eine vernunftbegabte Biene im Garten deines Bräutigams, den du schon so lange und innig liebst, damit du durch das Sammeln der Blüten der Tugenden süße Waben bauen kannst. Jetzt bist du im Haus deines Bräutigams Jesus. Liebe ihn aus ganzem Herzen und ganzer Seele, dann kannst du deines ewigen Heiles sicher sein. Danke Gott, dass er dir eine so große Gnade gewährt hat. Preise seine unendliche Barmherzigkeit, und mache kund, dass für Gott nichts unmöglich ist. Rita, das *Aussichtslose* wurde für dich überwunden.« Nach diesen Worten verschwanden die drei Heiligen. Von Glück überwältigt, weil sie nun im Kloster war, verbrachte Rita den Rest der Nacht damit, Gott für die einzigartige Gnade zu danken, die er ihr gewährt hatte.

Als es Morgen wurde und die Nonnen entdeckten, dass eine Person in der Klausur stand, waren sie sehr erstaunt. Einige begannen zu vermuten, dass eine von ihnen ihr heimlich erlaubt hätte, ins Kloster zu kommen, während andere dachten, dass die Klosterpforte vielleicht aus Nachlässigkeit nicht abgeschlossen worden war. Als das erste Erstaunen über ihre Entdeckung überwunden war, gingen die Schwestern auf Rita zu und fragten, wer sie sei und wie sie ins Kloster gekommen sei.

Rita antwortete bescheiden und demütig: »Ich bin eine arme Witwe aus Roccaporena. Schon oft habe ich darum gebeten, in eure Gemeinschaft aufgenommen zu werden. Und genauso oft wurde ich als einer so großen Gnade unwürdig abgewiesen. Aber der Herr hat mir eine besondere Gunst gewährt. Deshalb sandte er in der vergangenen Nacht seinen Vorläufer, Johannes den Täufer, zusammen mit dem heiligen Augustinus und dem heiligen Nikolaus von Tolentino zu meinem Haus in Roccaporena, um mich in eure Mitte zu führen. Dennoch bitte ich euch im Namen Gottes, der mir seine Barmherzigkeit geschenkt hat, mich als Mitglied in eure Gemeinschaft aufzunehmen.«

Die Nonnen des Klosters der Heiligen Maria Magdalena hörten voll Staunen Ritas Bericht, mit dem sie ihnen beschrieb, auf welche Weise sie ins Kloster geführt wurde, und als sie ihre Geschichte beendet hatte, riefen alle Schwestern mit einer Stimme, dass sie Rita in den Konvent aufnehmen wollten. Dann baten sie demütig um Vergebung, weil sie so oft ihre Bitte um Aufnahme abgelehnt hatten.

16. Kapitel

Rita verschenkt ihre Güter und empfängt das Ordenskleid

Große Freude erfüllte Ritas Herz, als die Nonnen des Klosters der Heiligen Maria Magdalena einstimmig erklärten, sie in ihre Gemeinschaft aufnehmen zu wollen. Bevor sie das Ordenskleid empfing, kehrte sie nach Roccaporena zurück, um ihren gesamten Besitz zu verkaufen und den Erlös unter den Armen zu verteilen. So hatte sie keinerlei Verpflichtungen oder Bindungen mehr an die Welt und konnte ungehindert ihrem gekreuzigten Herrn folgen. Sie entsagte sogar ihrem Heimatort, denn sie wird ja nicht Rita von Roccaporena, sondern Rita von Cascia genannt.

Bei ihrer Rückkehr nach Cascia besuchte Rita sogleich die Heilige Messe in der Kirche, die heute ihren Reliquienschrein birgt. Dabei hörte sie eine Predigt über die Worte Christi: »Ich bin der Weg und die Wahrheit und das Leben« (Joh 14,6). Diese Worte machten einen tiefen Eindruck auf sie und ein inneres Licht ließ sie die wahre Bedeutung dieses Textes verstehen. Sie meditierte eine ganze Weile über die Sicherheit dieses heiligen Weges, die Unfehlbarkeit dieser göttlichen Wahrheit und über das glückselige Leben in der Ewigkeit. Dadurch wurde ihr Herz von der brennenden Sehnsucht erfüllt, von nun an auf keinem anderen Weg mehr zu gehen, keine andere Wahrheit und kein anderes Leben mehr zu suchen. So ersehnte sie nichts mehr, als ihrem göttlichen Bräutigam zu folgen, und empfing im Kloster der Heiligen Maria Magdalena in Cascia das Ordenskleid der Augustiner-Eremitinnen und den Namen »Rita von Antonius«, wie wir aus den Archiven ihres Klosters entnehmen können.

Nun begann Rita ihr Noviziat mit so viel Freude und Trost in der Seele, dass alle Nonnen von ihrer neuen Mitschwester beeindruckt waren, und sie dankten Gott, ihnen ein solch wunderbares Vorbild an Tugenden geschenkt zu haben. Vom ersten Tag an begann Rita, gemäß dem Geist der klösterlichen Regeln und Gebräuche zu leben. Und um ihrem Jesus näherzukommen, sich ihm mehr anzugleichen, begann sie, in Wort und Tat die Demut weiter zu üben. Darin machte sie erstaunlich rasche Fortschritte. Sie war erst seit kurzer Zeit Novizin, als sie bereits gelernt hatte, sich in aller Demut weit hinter den anderen Ordensfrauen zu sehen.

Nun war ihr Herz frei von irdischer Zuneigung, und es verging kein Tag, ohne dass Rita ihrem göttlichen Bräutigam ihr Herz aufopferte und ihn anflehte, sein Bild in ihr Herz einzuprägen als Unterpfand dafür, dass er sich mit ihr vermählt hatte. So sagte sie bei einer Gelegenheit, als man sie fragte, warum sie so viel Mitleid mit den Armen habe: »Ich liebe die Armen um Jesu willen, weil Jesus sein Bild in mein Herz eingeprägt hat.« Bei anderer Gelegenheit wurde Rita vom Teufel angegriffen. Er versuchte sie davon zu überzeugen, dass sie ihre Seele genauso gut retten könne, wenn sie in die Welt zurückkehrte. Sie schlug den bösen Feind in die Flucht mit den Worten: »Weiche, Satan! Ich gehöre zu Jesus Christus, dessen Bild in meinem Herzen eingeprägt ist.« Rita, die Jesus Christus zu ihrem Herrn und Meister erwählt hatte, übergab ihm nicht nur ihren Leib, ihre Seele und ihren ganzen irdischen Besitz, sondern auch ihren Willen, sodass Jesus gleichsam die treibende Kraft all ihrer Gedanken und Taten wurde. Eine solche Ergebung in Gottes Willen bei der Novizin Rita blieb den Nonnen des Klosters nicht verborgen. Sie bemerkten, dass Rita eine vorbildliche Novizin war. Und so schauten viele der Schwestern, die im Kloster alt geworden waren, auf Rita nicht wie auf eine Novizin, sondern sie sahen in ihr eine Ordensfrau, die schon den Gipfel der Vollkommenheit erreicht hatte.

Besonders die Priorin, die ja noch kurz zuvor zu Rita gesagt hatte, dass es nicht möglich sei, sie in die Ordensgemeinschaft aufzunehmen, war vom religiösen Leben der Novizin erbaut. Bereitwillig und fröhlich übernahm Rita die mühsamsten Arbeiten im Konvent und war am glücklichsten, wenn sie irgendwelche niedrigen Dienste tun konnte. Sie ging pünktlich zu allen Gemeinschaftsübungen, und der Klang der Glocke, der zur Kapelle rief, war für Rita wie die Stimme Gottes. In dem Raum, in dem die Schwestern sich zur Rekreation versammelten, zeigte Rita durch ihr fröhliches Gesicht ihre Freude an den frommen Gesprächen ihrer Gefährtinnen, und wenn sie selbst redete, hatten ihre Worte eine geheimnisvolle Kraft, die die Seelen ihrer Zuhörerinnen zu Gott hinzog.

17. Kapitel

Ablegung der feierlichen Gelübde und geheimnisvolle Vision

Endlich kam die Zeit heran, nach der Rita sich so lange gesehnt hatte. Sie hatte das Noviziat beendet und durfte nun die feierliche Profess der Gelübde des Gehorsams, der Armut und der Keuschheit nach der Regel des heiligen Augustinus ablegen. Die Feier fand in Gegenwart der Nonnen in der Kapelle des Klosters der Heiligen Maria Magdalena statt. So wurde Rita die Braut des Gottessohnes. Ihre Profess erfüllte Ritas Herz mit unsagbarer Freude und Glückseligkeit. Um ihr zu zeigen, dass ihr Opfer Gott gefiel, wurde ihr die Gnade einer geheimnisvollen Vision geschenkt, die ihr Herz entzückte und ihre Seele mit dem Wunsch erfüllte, durch die drei Gelübde, die sie abgelegt hatte, zum Gipfel der Vollkommenheit zu gelangen, unterstützt von den Tugenden, die sie von frühester Kindheit an geübt hatte.

Nach ihrer feierlichen Profess verweilte die neue Braut Christi fast den ganzen Tag in der Danksagung, weil der Herr sie, die sich doch nicht einmal als würdig erachtete, seine Sklavin zu sein, als seine Braut angenommen hatte. Rita erinnerte sich an all die großen Gnaden, die Gott ihr erwiesen hatte, besonders dass er drei Heilige vom Himmel gesandt hatte, um sie ins Kloster zu bringen, damit sie seine Braut werden konnte. Sie weinte vor Freude und hatte das Empfinden, der Himmel sei in seiner ganzen Fülle auf sie herabgekommen.

In der Nacht ihrer Vermählung mit ihrem göttlichen Bräutigam durch die drei Ordensgelübde empfing Rita eine besondere Gnade, die sie sehr glücklich machte und ihr einen sicheren Weg zum Hafen des ewigen Heils zeigte. Sie kniete vor dem Kruzifix ihrer Zelle, als sie – wie der Patriarch Jakob im Traum – in einer Vision eine Leiter sah, die auf der Erde stand und deren Spitze in den Himmel ragte. Rita betrachtete aufmerksam diese Leiter. Da erblickte sie ganz oben Gott, der sie einlud hinaufzusteigen, und sie sah auch Engel, die auf und nieder stiegen. Als sie dies betrachtete, hörte sie eine Stimme, die zu ihr sprach: »Rita, wenn du dich mit Gott im Himmel vereinen willst, musst du diese Leiter hinaufsteigen.« Als die Vision verschwand, war Rita von himmlischem Trost erfüllt.

Rita dachte über das Geheimnis der Leiter nach, die sie in der Vision gesehen hatte, und sie erinnerte sich, dass Engel dort auf und nieder gestiegen waren. Da wurde ihr klar, dass sie wie diese Engel werden sollte. Sie vertiefte sich in dieses Geheimnis und erkannte, dass sie selbst sogleich eine geistliche Leiter errichten sollte, auf deren Stufen, den Tugenden, sie zum Himmel emporsteigen könnte, um dort in alle Ewigkeit die Gegenwart Gottes und die Gemeinschaft mit ihm genießen zu können.

Rita begann nun, in ihrer Tugendhaftigkeit voranzuschreiten. Von Tag zu Tag stieg sie auf der Leiter der Vollkommenheit höher hinauf. Und aus Angst, dass der Hauch des Ruhmes in irgendeiner Weise das Licht oder den Glanz ihrer Tugenden auslöschen könnte, hütete Rita sie so gut wie möglich, indem sie sie vor dem Blick der Öffentlichkeit verbarg. Und da sie dachte, dass es für den Aufstieg zum Himmel auf der Leiter der Vollkommenheit notwendig wäre, den Fuß dorthin zu setzen, wo zuerst die Hand gelegen hatte, schloss sie daraus, dass es am besten wäre, um den Lohn der Arbeit ihrer Hände zu sichern, diesen unter der Vervollkommnung der schönen Tugend der Demut zu verbergen. Rita verstand die wahre Bedeutung dessen, was ihr göttlicher Bräutigam gesagt hatte: »Lernt von mir; denn ich bin gütig und von Herzen demütig« (Mt 11,29).

18. Kapitel

Wie Rita das Gehorsamsgelübde beobachtete

Nach der feierlichen Profess beschloss Rita, den Gipfel der Vollkommenheit durch strikte Einhaltung der Gelübde zu erreichen, die sie in der Klosterkapelle abgelegt hatte. Dieses Gelöbnis hatte sie eng mit Jesus verbunden, und so setzte sie ihre Füße sogleich auf die Stufen des Gehorsams, der ja in der Tat die erste Sprosse auf der Leiter der Vollkommenheit ist. Auch in der Heiligen Schrift heißt es: »Gehorsam ist besser als Opfer« (1 Sam 15,22). Der Gehorsam ist den beiden anderen Gelübden vorgeordnet, weil die geistigen Kräfte der Seele, die darin Gott aufgeopfert werden, wertvoller sind als die äußeren Güter der sinnenhaften Befriedigung, die durch die beiden anderen Gelübde als Opfer dargebracht werden.

Um das Wesen des Gehorsams im Orden zu verstehen, müssen wir zwei Arten oder Klassen des Gehorsams unterscheiden. An erster Stelle steht der sogenannte blinde Gehorsam. Er hat gleichsam keine Augen. Er regt dazu an, den Oberen zu gehorchen, ohne den Befehl infrage zu stellen, ohne an die Schwierigkeiten zu denken, ohne darauf hinzuweisen, dass der Befehl vielleicht ungerecht oder unmöglich sei. Der Ausdruck »blinder Gehorsam« bedeutet keine vernunftlose oder unvernünftige Unterwerfung unter die Autorität, sondern eine klare Einschätzung der Rechte der Autorität, der Vernünftigkeit der Autorität, und die Vermeidung von selbstsüchtigen oder eigennützigen Erwägungen, die die Achtung vor der Autorität mindern würden. Dies könnte man als den vollkommenen Gehorsam bezeichnen.

Die zweite Art des Gehorsams hat gleichsam so viele Augen wie die Tiere und die Räder des Wagens, die der Prophet Ezechiel in einer Vision sah. Der Untergebene, der von diesem Gehorsam geleitet wird, versteht sehr wohl die Schwierigkeiten des Befehls seiner Vorgesetzten. Er spürt genau, wie widerwärtig der Auftrag für den Verstand ist und wie er dem eigenen Willen Gewalt antut. Und trotzdem gehorcht er sogleich und freudig und betrachtet das, was unmöglich ist, als leicht. Dies ist die höchste Art des Gehorsams und daher am vollkommensten.

Jesus selbst gibt uns ein Beispiel dieses Gehorsams. Er, die göttliche Weisheit selbst, wurde gehorsam bis zum Tod am Kreuz, obwohl er wusste, dass der Tod seiner Göttlichkeit zuwider war. Und als er im Garten von Getsemani furchtbare Todesangst erlitt, rief er aus: »Mein Vater, wenn es möglich ist, gehe dieser Kelch an mir vorüber« (Mt 26,39). Doch dann besann er sich auf die Aufgabe, die vor ihm lag, und fügte hinzu: »Aber nicht mein, sondern dein Wille soll geschehen« (Lk 22,42).

Rita war so gehorsam, dass sie auf eine Anordnung der Oberin, von der sie wusste, dass sie eigentlich unmöglich auszuführen war, genauso prompt gehorchte, als sei es ein leichter Auftrag. Viele Biografen der heiligen Rita berichten, dass die Oberin des Klosters der Heiligen Maria Magdalena ihren Gehorsam auf die Probe stellen wollte und ihr deshalb befahl, täglich eine völlig verdorrte Pflanze im Klostergarten zu begießen. Ohne ein Wort über die Sinnlosigkeit dieser Mühe zu verlieren, gehorchte Rita. Ein Jahr lang goss sie die Pflanze täglich, obgleich sie wusste, dass nur ein Wunder sie wiederbeleben konnte. Gott belohnte Ritas Gehorsam. Zum großen Erstaunen der Nonnen begann die tote Pflanze wieder Blätter und Blüten hervorzubringen und sie entwickelte sich zur schönsten Pflanze im Klostergarten.

Ein weiteres Beispiel der Ergebenheit und des Gehorsams der heiligen Rita: Papst Nikolaus V. hatte das Jahr 1450 zum Jubiläumsjahr erklärt und mit vielen Ablässen verbunden, die man durch eine Pilgerfahrt nach Rom erlangen konnte. Einige der Nonnen hatten die Erlaubnis zu dieser Wallfahrt erhalten. Von frommem Eifer angeregt, wollte Rita die Schwestern begleiten. So ging sie zur Priorin und bat demütig um Erlaubnis, mit ihnen zusammen nach Rom reisen zu dürfen, um die Jubiläumsablässe zu erlangen. Die Oberin schaute auf Ritas entstellte Stirn – davon wird später noch die Rede sein – und fühlte sich zunächst nicht geneigt, ihr diese Erlaubnis zu erteilen. Sie überlegte einen Moment und teilte ihr dann mit, dass sie nur an der Pilgerreise teilnehmen könnte, wenn die Wunde auf ihrer Stirn bei der Abfahrt der Schwestern geheilt wäre.

Rita ging sogleich in die Kapelle, um ihren göttlichen Bräutigam zu fragen, ob ihre Teilnahme an dieser Wallfahrt seinem Wunsch entspräche. Wenn ja, möge er ihre Stirnwunde heilen, wenn nicht, würde sie sich seinem heiligen Willen und dem der Oberin unterwerfen. Gott sah Ritas demütige Ergebenheit und kannte ihren Gehorsam und er erhörte ihr Gebet. Ihre Wunde schloss sich sofort und Rita durfte die anderen Schwestern nach Rom begleiten.

Ritas Gehorsam war so vollkommen, dass sie lieber gestorben wäre, als auch nur dem geringsten Befehl ihrer Oberin nicht zu gehorchen. Sie betrachtete die Oberin als Stellvertreterin Gottes und als ihre Leiter. Wie ein Schaf hörte sie immer die Stimme des Hirten und folgte ihm. Sie war frei von der Sklaverei des Eigenwillens und so vollkommen eins mit dem Willen Gottes, dass sie sich ganz Gott überließ. Sie hatte ihren Fuß auf die erste Sprosse der Leiter zur christlichen Vollkommenheit gesetzt und stieg nun immer höher auf dieser Leiter und kam Gott immer näher. So wurde sie zum Vorbild für den vollkommenen Gehorsam.

19. Kapitel

Wie Rita den evangelischen Rat der Armut praktizierte

In ihrem Wunsch, die Leiter noch höher hinaufzusteigen, setzte Rita ihren Fuß auf die zweite Sprosse, die des evangelischen Rates der Armut. Die Armut ist eine so wichtige Tugend, dass Jesus selbst sie lebte und verkündete: Er wurde als Armer in einem kalten, elenden Stall geboren und starb nackt am Kreuz. Sein einziger Besitz am Kreuz waren drei Nägel und eine Dornenkrone. Überdies nannte er in seiner Bergpredigt die Armut an erster Stelle unter den Seligpreisungen, als er sagte: »Selig, die arm sind vor Gott; denn ihnen gehört das Himmelreich« (Mt 5,3).

Rita wusste genau, dass die heilige Armut weniger darin besteht, den Reichtum zu verachten, als darin, den Wunsch aufzugeben, etwas zu besitzen. Sie machte so rasche Fortschritte in dieser Tugend, dass sie nach ihrer Profess nicht mehr die geringste Anhänglichkeit an Besitztümer hatte. Schon vor Beginn des Noviziates hatte sie ja allen Besitz verkauft und den Erlös den Armen geschenkt. Sie verzichtete also auf alles, um ihrem göttlichen Bräutigam Jesus Christus zu folgen. Rita war so erfüllt von dem Wunsch, ganz Gott zu gehören und nichts anderes zu suchen als die Dinge Gottes, dass sie sich bei ihrer feierlichen Profess rückhaltlos Gott weihte.

Weil Rita die Armut so sehr liebte, trug sie nur ein einziges Ordenskleid, jenes, das sie am Tag ihres Eintritts erhalten hatte. Dieses Gewand legte sie in all den Jahren im

Kloster niemals ab, in ihm wurde sie nach ihrem Tod auch bestattet. Und sogar bis heute, da seit ihrem Heimgang Jahrhunderte verstrichen sind, dient dieses Gewand ihr noch als Totenkleid und ist ein wunderbares Zeugnis ihrer heroischen Armut. Immer wieder fragten die Nonnen, warum sie noch immer dieses alte, geflickte Gewand trage. Und immer antwortete Rita demütig, dass sie diesen alten Habit trage, um die Armut ihres Bräutigams Jesus Christus nachzuahmen. Täglich meditierte sie über Jesu Armut. Rita war ganz durchdrungen vom Geist der Armut. Sie begnügte sich mit ihrer engen Zelle, deren Mobiliar nur aus wenigen Gegenständen bestand: einem Betstuhl und einer harten Bank, die ihr als Bett diente. Die Wände ihrer Zelle waren mit einigen Bildern, Szenen der Passion Christi, geschmückt. In dieser Zelle war Rita einfach glücklich. Und wenn sie nicht mit Arbeiten im Kloster oder mit gemeinschaftlichen Übungen beschäftigt war, verbrachte sie Stunden vor dem Kreuz und betete zu ihrem Herrn und Meister.

Ein besonderes Ereignis in ihrem Leben kann eine Vorstellung davon geben, wie losgelöst Rita von allem Irdischen war. Während der Wallfahrt nach Rom, die sie zusammen mit anderen Schwestern unternahm, fand Rita auf dem Weg eine goldene Münze und warf sie in das eilig dahinfließende Wasser eines Flusses, den sie überqueren mussten. Die Schwestern waren erstaunt über ihr Tun, das ihnen zumindest unklug erschien, und einige von ihnen tadelten sie, weil sie dachten, dass sie das Geld brauchen würden. Rita bedauerte, ihren Schwestern zu missfallen, und antwortete ihnen, dass sie das Geldstück in den Fluss geworfen habe, weil es, obgleich klein und von geringem Gewicht, ihr sehr schwer erschien, so schwer, dass sie es nicht länger tragen konnte.

Rita übte nicht nur selbst den evangelischen Rat der Armut, sondern sie versuchte auch mit überzeugenden Worten andere dazu anzuregen. Ihr Leben im Kloster war wie ein wunderbarer Lobgesang auf die heilige Armut.

20. Kapitel

Wie Rita das Gelübde der Keuschheit verwirklichte

Durch ein Wunder der Gnade Gottes war Rita auch ein vollendetes Vorbild der Keuschheit. Denn diese wunderbare Tugend, wie sie im Ordensstand gelobt und gelebt wird, ist wahrlich ein Wunder der Gnade. Die Natur kann sie nicht geben, sie ist wirklich Gottes Gabe. Rita war von engelsgleicher Reinheit, weil sie immer die Jungfräulichkeit der Seele bewahrt hatte.

Von frühester Kindheit an war es Ritas inniger Wunsch gewesen, sich Gott zu weihen. Als sie nicht auf eigenen Wunsch, sondern im Gehorsam gegenüber dem Willen Gottes und ihrer Eltern geheiratet hatte, lebte sie in vollkommener ehelicher Keuschheit. Selbst als Ehefrau und Mutter blieb der Wunsch nach dem geistlichen Lebensstand immer in ihr lebendig. Und als der Tod ihr den Mann und die Kinder genommen hatte, eilte sie, wie wir wissen, umgehend ins Kloster und wurde dann auf wunderbare Weise aufgenommen, um sich selbst dort gleichsam zu begraben, zuerst als Gottes Magd, dann als Braut des Gottessohnes. Im Kloster nun erwarb sie mit Gottes Gnade und im strikten Gehorsam gegenüber dem Gelübde der Keuschheit jene Reinheit, die das Kennzeichen der Engel ist.

Um das Gelübde der Keuschheit zu bewahren, bewachte Rita ihre Sinne, sie beherrschte sie und hielt sich von allem fern, was das Gelübde gefährden konnte. Sie bewachte ihre Augen und hielt sie immer auf Jesus gerichtet, ihre

Ohren, indem sie nur auf das hörte, was Gott zu ihr sprach, ihre Zunge, indem sie nur in der Sprache des Himmels redete, ihre Gedanken und ihr Herz, indem sie sich jeden Tag neu Gott weihte.

Ritas engelsgleiches Leben im Kloster entging nicht dem Erzfeind der Seelen, und Gott, der ihre Treue als Braut seines Sohnes stärken wollte, erlaubte Luzifer, sie zu versuchen und anzugreifen, manchmal durch Komplimente oder verlockende Vorschläge. Aber Rita war zu erprobt in den Tugenden, um ein Opfer der Ränke Luzifers zu werden, und so oft er versuchte, sie zum Verstoß gegen ihr Gelübde zu verleiten, genauso oft unterlag er. Rita schien zu wissen, dass die Keuschheit hauptsächliches Ziel der Attacken Luzifers war. Um über diesen mächtigen Feind zu triumphieren, richtete sie daher all ihr Bemühen darauf, ihren Leib dem Geist zu unterwerfen.

Die Mittel, die Rita wählte, um ihren Leib zu unterwerfen, würden Menschen, die keinen Glauben haben oder den weltlichen Luxus lieben, vielleicht als töricht, verrückt oder überspannt bezeichnen. Um ihren Leib zu unterwerfen, fastete sie. Sie hielt drei Fastenzeiten im Jahr und fastete auch zu den Vigilien der Feste der Gottesmutter Maria und ihrer Schutzheiligen. Während des Fastens nahm sie nur eine Mahlzeit am Tag ein und diese bestand nur aus Brot und Wasser. Durch die Schwächung ihres Körpers wurde Rita geistlich stärker und fähiger, sich gegen den Bösen zu verteidigen. Wenn sie das geringste Anzeichen von Auflehnung des Körpers spürte, erhob sie ihre Seele zu Gott und meditierte über die Heftigkeit und Ewigkeit der Höllenstrafe.

Rita handelte entsprechend und bedachte, dass »die Leiden der gegenwärtigen Zeit nichts bedeuten im Vergleich zu der Herrlichkeit, die an uns offenbar werden soll« (Röm 8,18). So hielt sie ihren Leib in Zucht und konnte jeden Angriff des Widersachers gegen ihr Gelübde abwehren. Sie nahm auch das Kreuzzeichen zu Hilfe, hatte immer die heiligen Namen Jesu und Mariens auf den Lippen und wurde durch fortwährende Bußübungen gestärkt.

Rita war nie glücklicher als in der Kapelle oder in der Stille und Einsamkeit ihrer Zelle. Sie ging nicht gerne ins Sprechzimmer, um mit Besuchern zu reden, außer wenn es sich um Hilfesuchende handelte, die Rat und Trost suchten.

21. Kapitel

Ritas Übung der Buße und Abtötung

Nach Beendigung des Noviziates und der Ordensprofess begann Rita eine sehr strenge Abtötung zu praktizieren gemäß der Lehre des Herrn: »Wenn einer hinter mir hergehen will, verleugne er sich selbst, nehme täglich sein Kreuz auf sich und folge mir nach« (Lk 9,23). Eingedenk des Versprechens, das sie bei der Ablegung des Ordensgelübdes gemacht hatte, und weil sie nichts suchte als Jesus allein, dem sie sich ganz geweiht hatte, verleugnete Rita sich selbst und nahm ihr Kreuz auf sich, um dem Herrn auf seinem Kreuzweg zu folgen.

Sie machte erstaunliche Fortschritte auf dem Weg der Vollkommenheit, und in kurzer Zeit wurde sie zum Vorbild der Tugenden und erbaute ihre Mitschwestern im Kloster der Heiligen Maria Magdalena, denen sie wie eine Heilige erschien. Rita führte ein Leben strenger fortgesetzter Buße und Abtötung. Auf ihre drei Fastenzeiten im Jahr und die speziellen Vigilfasttage wurde bereits hingewiesen. Sie fastete zudem an den Vigilien anderer Heiliger, die ihr besonders lieb waren, und hielt auch die besonderen Fastenzeiten des Augustinerordens. Sie hielt diese Fasttage so streng ein, dass sie nicht mehr aß, als zum Lebenserhalt notwendig war. Sie nahm zu den Mahlzeiten nur Brot und Wasser und ließ keine Entschuldigung gelten, um das Fasten und die Abstinenz zu unterbrechen. Auch wenn das fortgesetzte Fasten sie schwächte, ging Rita keinen Augenblick dem Müßiggang nach, und wenn sie nicht im Gebet war, widmete sie sich sinnvollen Beschäftigungen. Wenn ihr bei der Arbeit die Kraft ausging, legte sie sich eine halbe Stunde oder länger auf den bloßen Fußboden oder eine harte Bank und schlief so fest, als ob sie in einem Daunenbett läge. Nachts schlief sie nur wenige Stunden. Die übrige Zeit verbrachte sie im Gebet oder mit Handarbeiten für die Kommunität. Sie trug immer ein raues Bußgewand auf dem Leib, in das Dornen eingewebt waren, die oft ihre Haut verletzten.

Rita begnügte sich nicht mit diesen Bußübungen, sie fügte eine weitere, noch härtere Übung hinzu. Täglich geißelte sie sich, und sie erzählt selbst, dass sie dadurch geistlich stark wurde und sicher war, gegen die Attacken Luzifers siegreich zu sein. Das folgende Ereignis erklärt, warum Rita die Geißel zur Hand nahm. Eines Tages eilte sie zu ihrer Zelle und eine Mitschwester fragte sie, wohin sie so eilig gehe. Rita antwortete, dass sie die Kraft des Widersachers brechen wolle, indem sie ihm seine Waffen mit ihrer Geißel entreißen werde.

Rita benutzte drei verschiedene Geißeln. Die erste bestand aus kleinen Ketten, die zweite aus ledernen Riemen, die dritte aus dünnen Stricken. Die erste Geißelung opferte sie auf für die Armen Seelen im Fegefeuer, die zweite für die Wohltäter des Klosters der Heiligen Maria Magdalena und die dritte für die unglücklichen Seelen, die sich im Stand der Todsünde befanden. Sie geißelte sich heftig, sodass manchmal Blut floss. Durch ihr ständiges Fasten und die Geißelungen wurde Ritas Körper so dünn und zerbrechlich, dass man die Knochen unter der Haut sehen konnte. Doch wenn man in ihre Augen schaute, vergaß man ihr fahles, bleiches Gesicht, denn sie sprachen eine stille, beredte Sprache, Ausdruck der Reinheit und Heiligkeit des Herzens einer Braut Christi.

Rita hatte unter heftigen Angriffen und Listen des Teufels zu leiden. Auch wenn er immer bezwungen und besiegt wurde, war er stets zu neuen Attacken bereit. Manchmal versteckte er ihre Geißeln, manchmal redete er ihr ein, die Geißelungen würden ihr Leben verkürzen. Dann wieder sagte er, wenn sie das Fasten nicht aufgäbe, würde sie bald sterben. Einmal erschien er ihr sogar in Gestalt eines großen, hässlichen Drachen, um sie zu erschrecken. Aber Rita fürchtete ihren alten Feind nicht und jagte ihn mit dem Kreuzzeichen in die Flucht oder indem sie die heiligen Namen Jesu und Mariens anrief.

40 Jahre lang führte Rita ein Leben der Buße und Abtötung.

22. Kapitel

Ritas außerordentliche Fortschritte in der Tugendhaftigkeit

Als Rita in der Welt lebte, hatte sie ein tugendhaftes, heiligmäßiges Leben geführt, doch als sie ins Kloster eintrat und eine Braut Christi wurde, erwarb sie neue Tugenden hinzu und verbreitete um sich den Duft, den Paulus als »Wohlgeruch Christi« bezeichnet hatte. Ritas Herz war von Liebe zu Christus erfüllt. Je mehr sie versuchte, ihre Tugenden unter dem Mantel der Demut zu verbergen, desto sichtbarer wurden sie. Sie war in geistlicher Vermählung mit Jesus Christus vereint, und ihr größtes Bestreben war es, Jesus Christus unverbrüchlich ihre Treue zu halten. Er hatte sie berufen, seine Braut zu sein. Eingehüllt in den Mantel der Liebe Christi nutzte Rita jede Gelegenheit zur Tugendübung, um ihrem himmlischen Bräutigam zu gefallen, den zu lieben und dem zu gehorchen sie gelobt hatte. Wenn sie also verleumdet wurde, ertrug sie es mit Geduld, wenn sie schlecht behandelt wurde, erduldete sie es demütig, wenn sie beleidigt wurde, vergab sie dies nicht nur, sondern ohne ein Wort der Selbstverteidigung betete sie für ihre Beleidiger. Rita bewachte ihre Zunge so streng und beobachtete so genau das klösterliche Stillschweigen, dass sie nur redete, wenn die Notwendigkeit oder das Wohl des Nächsten es erforderte. In der Rekreation äußerte Rita kein nichtssagendes Wort, und wenn sie zufällig hörte, wie eine Schwester etwas sagte, das ihr leichtfertig erschien, wechselte sie sofort das Thema und redete über die wunderbare Liebe Jesu zu seinen Bräuten oder über die heilige Regel. Rita redete nicht nur über das, was an den Himmel erinnerte, sondern sie nahm auch innerlich Verbindung mit den Himmelsbewohnern auf. Und um dieses innere Gespräch möglichst wenig zu unterbrechen, hielt und liebte sie das Schweigen. Zu diesem Zweck nahm sie oft kleine Steine in den Mund, die verhinderten, dass die Zunge sich bewegte. Auf diese Weise konnte sie sich nicht ungewollt gegen das Stillschweigen verfehlen.

Ihre Demut half ihr ebenfalls, das Schweigen einzuhalten, denn sie hinderte sie oft daran, sich in die Unterhaltung der Schwestern im Rekreationszimmer einzumischen. Rita bemühte sich, die einzigartigen Gnaden, die Gott ihr schenkte, zu verbergen, damit die Eitelkeit nicht ihre Verdienste zerstörte oder das Lob der Menschen sie stolz machte. Doch je mehr Rita den Glanz ihrer Tugenden zu verbergen suchte, umso mehr strahlte er auf zum Wohl der Menschen. Denn Gott wollte ihre Tugenden und ihre Heiligkeit der ganzen Welt kundtun, sodass alle, die geistlichen Beistand und Hilfe in ihren zeitlichen Schwierigkeiten brauchten, zu ihrer mächtigen Fürsprache Zuflucht nehmen konnten.

Der Ruhm von Ritas Tugend und Heiligkeit hatte sich auch außerhalb des Klosters verbreitet, sogar über die Grenzen der Provinz Umbrien hinaus, sodass viele Menschen nach Cascia kamen, um bei ihr Rat zu suchen und Hilfe durch ihr Gebet zu erbitten. Sie wäre zwar lieber in der Einsamkeit ihrer Klosterzelle geblieben, als die vielen Gespräche mit den weltlichen Leuten zu führen, aber ihr Eifer für den Dienst Gottes und ihre Nächstenliebe trieben sie an, den Menschen aller Stände und Schichten zu begegnen. Manche baten Rita um ihr Gebet bei Krankheit, andere suchten ihren Rat in weltlichen Angelegenheiten. Manche, die in ihrem Glaubensleben gleichgültig geworden waren, baten sie um Unterweisung. Wieder andere baten sie mit Tränen in den Augen, bei Gott für sie einzutreten, damit er sie von ihren Leiden und Kümmernissen befreie. Nur sehr wenige, die sich an Rita gewandt hatten, wurden enttäuscht. Viele Kranke wurden gesund, Schwierigkeiten wurden durch ihren klugen Rat gelöst, Feinde versöhnten sich, zerstrittene Familien gewannen den Frieden zurück. Viele gleichgültige Menschen wurden durch Ritas Unterweisung zu eifrigen Christen und viele Sünder verließen ihre schlimmen Wege und versöhnten sich mit Gott, nachdem Rita sie den Wert aufrichtiger Reue gelehrt hatte. Zweifellos waren die Gnaden, die Rita von Gott für jene erflehte, die sie um Hilfe baten, auf ihre Weisheit und Liebe zurückzuführen, denn Gott hatte sie mit einer besonderen Erkenntnis ausgestattet. Aufgrund dieser besonderen Erkenntnis zeichnete sie sich in heroischer Weise in der Übung der göttlichen Tugenden aus, wie aus ihrem Seligsprechungsdekret hervorgeht.

Rita besaß und praktizierte einen solch glühenden Glauben, dass er alles Begreifen überstieg. Wie lebendig ihr Glaube war, zeigen ihre zahllosen guten Werke und die klugen Unterweisungen, die sie den Unwissenden über die Glaubensgeheimnisse gab. Auch die Tugend der Hoffnung besaß Rita in hohem Maß, denn sie floss ihr gleichsam über die Lippen, und sie bestärkte diejenigen, die unter Kummer und Bedrängnis litten, immer wieder, indem sie sie bat, die Hoffnung nicht aufzugeben und auf Gott zu vertrauen. Ritas Nächstenliebe kannte keine Grenzen. Sie war ganz Liebe und die Gottesliebe verzehrte sie. Häufig wiederholte sie die Worte des heiligen Johannes, die auch in der Regel des heiligen Augustinus zum Ausdruck kamen: »Gott ist Liebe, und wer in der Liebe bleibt, bleibt in Gott und Gott bleibt in ihm« (1 Joh 4,16). Alles, was Rita tat, geschah nach dem Willen Jesu Christi. Stets war sie bereit zu helfen: den Kranken und Schwachen, den Armen und Bedürftigen, den Belasteten und Sündern. Sie wusste, was sie für den Nächsten tat, war für Jesus Christus getan.

Wie alle Heiligen pflegte Rita eine besondere Verehrung der seligen Jungfrau Maria, deren Tugenden sie nachzuahmen versuchte. Auch Jesus im Altarsakrament galt Ritas tiefe Verehrung. Oftmals, wenn sie in der Kapelle über dieses Geheimnis der göttlichen Liebe meditierte, geriet sie in Ekstase. Das Heiligste Sakrament wurde ihr wirklich zum »Brot des Lebens«, und immer, wenn sie den Herrn in der Kommunion empfing, erfuhr sie anschließend einen solchen Trost und eine solche Freude, dass sie nicht mehr von dieser Welt zu sein schien.

23. Kapitel

Wunderbare Gebetserhörungen

Das Kind Rita war ein Geschenk, das Gott ihren schon betagten Eltern auf ihr flehentliches Gebet hin gewährt hatte. Schon sehr früh begann das kleine Mädchen zu beten. Auf dem Schoß der Mutter lernte es, die Namen Jesu und Mariens anzurufen, und neben der Mutter kniend lernte es das Vaterunser, das Ave-Maria und das Glaubensbekenntnis. Mit zunehmendem Alter wuchs auch die Liebe zum Gebet, und zweifellos hat Rita in ihrem weltlichen Leben täglich mehrmals ihre Stimme im Gebet zu Gott erhoben.

Doch wenn Rita schon in der Welt ein Mensch des Gebetes gewesen war, so wurde sie, als sie ins Kloster eintrat, gleichsam zur Seele des Gebetes und widmete sich ganz der Kontemplation und Meditation der Geheimnisse des Glaubens. Wenn sie über das Geheimnis der Menschwerdung meditierte, staunte sie über die große Demut Jesu.

Am liebsten meditierte Rita über das Leiden Christi. Sie war so sehr von Mitleid mit Jesus in seinen Leiden erfasst, dass ihr jedes Mal, wenn sie auf ein Kruzifix schaute, Tränen in die Augen traten. Wenn keine Arbeiten zu verrichten waren, fand man Rita entweder in der Kapelle vor dem Kreuz kniend oder in ihrer kleinen Zelle, in der als Erinnerung an die Passion einige Bilder mit Szenen des Kreuzwegs an der Wand hingen.

Wie bereits erwähnt, stellte eines dieser Bilder den Kalvarienberg dar. Rita schaute oft auf dieses Bild und betrachtete die vielen Qualen, die Christus erlitten hatte: das schwere Kreuz, das er auf seinen schwer verwundeten Schultern getragen hatte, die Sticheleien, das Gespött und die Beleidigungen, als er seiner Kleider beraubt wurde, die unerträglichen Schmerzen, als ihm Hände und Füße mit Nägeln durchbohrt wurden, und die geistige Agonie, wenn er daran dachte, dass alles, was er selbst erlitt, auch das liebevolle Herz seiner betrübten Mutter durchbohrte. Wenn Rita sich in ihrer Meditation den Leiden Jesu zuwandte, wurde ihr Herz tief betrübt, Tränen strömten aus ihren Augen und sie schluchzte und seufzte, Zeugnis der inneren Qual, die sie in ihrem mitfühlenden Herzen erlitt.

Ein anderes Bild in ihrer Zelle stellte das Grab dar, in das der heilige Leib Jesu nach seiner Abnahme vom Kreuz gelegt wurde. Wenn sie auf dieses Bild schaute, hatte Rita immer den Wunsch, für diese Welt zu sterben und mit Jesus Christus begraben zu sein.

Es wurde berichtet, dass Rita einmal, während sie vor diesem Bild meditierte, in Ekstase fiel und so lange bewusstlos blieb, dass die Schwestern glaubten, als sie Rita fanden, dass sie bereits gestorben sei. Einen guten Teil des Tages und viele Stunden der Nacht verbrachte Rita in Kontemplation und Meditation. Und oftmals war sie überrascht, wenn darüber die Sonne aufging.

Außer der Meditation über die Geheimnisse des Glaubens verbrachte Rita jeden Tag zwei Stunden damit, den Himmel um Gnaden und Gaben für die eigene Seele und für das geistliche und zeitliche Wohl ihrer Mitmenschen zu bitten. Sie betete zum himmlischen Vater und bat ihn um Vergebung für ihre Sünden kraft jener übergroßen Liebe, die ihn drängte, seinen einzigen Sohn dem Tod am Kreuz hinzugeben, um dadurch die Sünder vom Tod der Sünde zu befreien. Sie betete zum Sohn Gottes und bat ihn, ihren Verstand zu erleuchten, damit ihr Herz sich niemals von ihm entferne. Sie betete zum Heiligen Geist, den sie als ein Meer der Liebe betrachtete, und flehte ihn an, ihre Seele mit dem Tau seiner Liebe zu beschenken. Sie betete auch zur allerseligsten Jungfrau und erbat etwas von ihrer überreichen Demut. Die Engel bat sie um Reinheit und alle Heiligen um Teilhabe an den Tugenden, die sie in der Welt geübt hatten. Durch ihr fortgesetztes inniges Gebet erlangte Rita vom Himmel viele einzigartige Gaben und Gnaden, nicht nur für sich selbst, sondern auch für ihre Mitmenschen.

Einige Beispiele: Ein kleines Mädchen, die Tochter einer Frau aus Cascia, war sterbenskrank. Der Hausarzt und ein zweiter Arzt, der konsultiert wurde, mussten bekennen, dass die ärztliche Kunst das Kind nicht retten konnte. Von Kummer überwältigt, eilte die arme Mutter zum Kloster der Heiligen Maria Magdalena und beschwor Rita, Gott zu bitten, dass er das Leben ihres einzigen Kindes rette. Von Mitleid gerührt, redete Rita der betrübten Mutter gut zu und versicherte ihr, dass ihr Kind nicht sterben und sie es bei ihrer Rückkehr gesund antreffen würde. Sobald die Frau gegangen war, eilte Rita in die Kapelle und bat Gott, das sterbende Kind wieder gesund werden zu lassen. Ihr Gebet wurde erhört und zur großen Freude der Mutter sah diese bei ihrer Rückkehr, dass ihre kleine Tochter geheilt war.

Ein anderes Mal brachte man eine Frau zu Rita, die seit vielen Jahren von einem bösen Geist besessen war, der sie grausam quälte und misshandelte. Rita verlor keine Zeit und zeigte ihre Macht über den höllischen Dämon. Sie erhob die Augen zum Himmel und betete. Dann machte sie das Kreuzzeichen über dem Kopf der Besessenen und diese wurde sofort von der Macht des Bösen befreit. Als er die Frau verließ, stieß er einen lauten, schrecklichen Schrei aus.

Ritas Macht über die Dämonen zeigte sich viele Male, besonders während sie betete und meditierte. Immer wieder versuchte der Teufel, sie im Gebet zu stören. Er versuchte sie mit Geheul und Geschrei zu erschrecken und erschien ihr sogar in abscheulicher Gestalt. Doch Rita fürchtete ihn nicht. Sie vertrieb ihn immer mit dem Kreuzzeichen und setzte ihre Meditation oder ihr Gebet fort, als ob nichts geschehen wäre.

Rita war auch für ihre Mitschwestern im Kloster der Heiligen Maria Magdalena ein Vorbild im Gebet, und oft drängte sie ihre Gefährtinnen, dem Wort Jesu treu zu sein: »Wacht und betet!«

24. Kapitel

Empfang der Stirnwunde beim Gebet vor dem Kreuz

Rita wusste, dass das Gebet die geistliche Nahrung der Seele ist. Deshalb verlangte sie nach dieser spirituellen Nahrung. Wie ihr geistlicher Vater Augustinus bat sie darum, am bitteren Leiden Christi teilhaben zu dürfen. Und sie verstand, dass Jesus Christus am Kreuz gepeinigt und seine Seite mit einer Lanze durchbohrt wurde, damit Blut und Wasser aus seiner Seite auf die Welt der Seelen falle und sie heilige. Schließlich hielt sie sich die geheimnisvolle Leiter vor Augen, die sie in einer Vision gesehen hatte. Sie erschien ihr wie ein Bild des Kreuzes auf Kalvaria. Und eigentlich sehnte sie sich danach, das Kreuz auf ihre Schultern zu nehmen, um zumindest einen Teil der Qualen der Passion ihres gekreuzigten Herrn zu spüren. Der Herr erhörte ihr Sehnen auf wunderbare Weise.

Einmal kam ein Franziskaner namens Jakob von Monteprandone nach Cascia, um in der Marienkirche zu predigen. Er galt als gelehrt und redegewandt, und sein Wort konnte auch die am meisten verhärteten Herzen bewegen. Rita ging mit den anderen Schwestern zur Kirche, um diesen berühmten Prediger zu hören. Thema der Predigt war das Leiden und Sterben Jesu Christi. Der beredte Franziskaner sprach über die alte, immer neue Geschichte des Leidens unseres Herrn und Erlösers. Doch vor allem kreiste seine Predigt um die außerordentlichen Qualen, die die Dornenkrone verursacht hatte. Seine Worte drangen tief in Ritas Seele ein und erfüllten ihr Herz mit Trauer. Tränen traten ihr in die Augen und sie war von tiefem Mitleid erfüllt. Nach der Predigt kehrte Rita ins Kloster zurück. In ihrem Herzen bewahrte sie jedes Wort, das Pater Jakob über die Dornenkrone gesagt hatte. Nach einem Besuch beim Heiligsten Sakrament zog Rita sich in einen kleinen Gebetsraum zurück, in dem heute ihr Leib ruht. Sie kniete zu Füßen des Kreuzes und begann, über die Schmerzen nachzudenken, die Jesus durch die Dornenkrone, die tief in seine Schläfen eingedrungen war, erlitten hatte. Um einen Teil der Schmerzen mit Jesus zu teilen, bat sie ihn, an seiner Passion teilhaben zu dürfen und eine der 72 Dornen ihr zu überlassen, damit sie etwas von seinem Schmerz tragen dürfe.

Als Rita ihre im Gebet vorgetragene Bitte beendet hatte, traf wie mit einem Pfeil geschossen ein Dorn mit solcher Kraft Ritas Stirn, dass er in das Fleisch und den Knochen eindrang und in der Mitte der Stirn stecken blieb. Dieser Dorn ließ eine Wunde zurück, die ihr ganzes Leben lang dort blieb. Und bis auf den heutigen Tag ist die Narbe dieser Wunde deutlich sichtbar. Der Schmerz beim Eindringen des Dorns in die Stirn war so schneidend und intensiv, dass Rita ohnmächtig wurde, und sie wäre gestorben, wenn Jesus ihr Leben nicht bewahrt hätte, sodass sie nach ihrem Wunsch wenigstens einen Teil der Qualen seiner Passion spüren konnte. Als Rita wieder zu sich kam und erkannte, dass sie mit einem kostbaren Zeichen begnadet worden war, richtete sie an ihren göttlichen Bräutigam ein inniges, tief empfundenes Dankgebet.

Rita verließ den kleinen Gebetsraum mit dieser heiligen Wunde auf ihrer Stirn. Auf ihrem Gesicht waren Zeichen eines schweren Leidens zu erkennen. Beim Anblick der Wunde waren die Mitschwestern mehr als erstaunt, doch sie wussten nicht um das Geheimnis.

Der von der Wunde verursachte Schmerz nahm von Tag zu Tag zu, und die Wunde selbst wurde so hässlich und abstoßend, dass Rita bei manchen Schwestern Ekel erregte. Sie konnten ihren Anblick nicht mehr ertragen. Weil Rita den Schwestern keine Unannehmlichkeiten verursachen wollte, verweilte sie die meiste Zeit in Kontemplation in ihrer Zelle. Zuweilen wurde sie von den Schwestern in ihrer Zelle aufgesucht, entweder um ihr das Essen zu bringen oder ein paar Worte mit ihr zu wechseln. Sie gingen immer von ihr bereichert wieder fort.

Auch inmitten ihrer Leiden war Rita glücklich, und wenn ihre Schmerzen heftiger wurden, bat sie ihren göttlichen Bräutigam, sie in dem Maß in Geduld wachsen zu lassen, wie ihre Leiden zunahmen. Wie alle ihre Gebete wurde auch dieses erhört. So groß war Ritas Geduld in all den Schmerzen, die sie erlitt, dass sie die kleinen Würmer, die aus dem eitrigen Nährboden ihrer Wunde hervorkamen, »ihre Engelchen« nannte, denn sie vermehrten ihre Leiden, wenn sie sich in der Wunde bewegten. Und so gaben sie ihr neue Gelegenheiten, Leiden zu übernehmen.

25. Kapitel

Ritas Pilgerreise nach Rom

Wie bereits angedeutet, hatte Papst Nikolaus V. das Jahr 1450 als Heiliges Jahr ausgerufen. Und da Rita wusste, dass einige Schwestern ihres Konvents sich auf die Reise in die Ewige Stadt vorbereiteten, um die geistlichen Schätze der Ablässe zu gewinnen, die die Kirche zu solch feierlichen Anlässen gewährte, wollte Rita sich ihnen anschließen. In ihrer großen Demut glaubte sie, die Gnaden dieses Jubiläums nötiger zu haben als ihre Mitschwestern. Mit dieser großen Sehnsucht im Herzen ging sie zu ihrer Oberin und bat demütig um Erlaubnis, sich den anderen Schwestern anschließen zu dürfen. Die Priorin blickte auf die abstoßende Wunde auf Ritas Stirn und meinte, das sei Grund genug, Ritas Bitte abzulehnen, denn sie glaubte, dass schon der Anblick dieser Wunde bei allen, die sie sehen würden, einen Skandal hervorrufen könnte. Daher verweigerte die Oberin die Genehmigung. Sie entließ Rita mit dem Hinweis, dass sie zusammen mit den Schwestern nach Rom pilgern könnte, wenn sich die Wunde auf ihrer Stirn schließen würde. In tiefer Ergebung hörte Rita die Worte ihrer Vorgesetzten und sah ein, dass die unheilbare Wunde sie sicherlich daran hindern würde, mit ihren Mitschwestern nach Rom zu pilgern. Sie eilte sogleich zu ihrem himmlischen Bräutigam, ihrer einzigen Zuflucht, kniete zu seinen Füßen nieder und bat Jesus, sie nicht von den Schmerzen zu befreien, sondern die Wunde für die Zeit ihres Aufenthalts außerhalb des Klosters zu verschließen.

Diese demütige Bitte gefiel dem Herrn, und da es seinem Willen entsprach, dass Rita an der Wallfahrt nach Rom teilnehmen konnte, heilte er im gleichen Augenblick ihre Wunde. Als Rita sah, dass ihre Stirnwunde verschwunden war, dankte sie Gott für eine so große Gnade. Sie verließ den Gebetsraum und ging zur Zelle der Oberin. Worte können nicht die Überraschung und das Erstaunen der Priorin und der Schwestern beschreiben, als sie diese plötzliche Heilung sahen. So gab es also kein Hindernis mehr für Ritas Pilgerreise nach Rom zusammen mit den anderen Schwestern.

Also machten sich die Nonnen des Klosters der Heiligen Maria Magdalena auf den Weg nach Rom und freuten sich, dass Rita unter ihnen war. Sie hatten zwar einige finanzielle Mittel für die Reise, doch diese waren unzureichend. Darum nahm Rita es auf sich, unterwegs um Almosen zu betteln. Einigen Schwestern gefiel dies nicht. Rita wies sie darauf hin, dass sie mit dem Betteln den Leuten die Möglichkeit gebe, sich in der Nächstenliebe zu üben und dafür einen ewigen Lohn im Himmel zu erlangen.

Als Belohnung für Ritas aufrichtige Verachtung irdischer Reichtümer nutzte Gott das folgende Ereignis, um ihre heroische Armut und ihr vollkommenes Vertrauen auf seine Vorsehung zu fördern. Eines Tages hatten die Schwestern kein Geld mehr für Nahrung und Unterkunft. Da erblickte Rita am Wegesrand eine Goldmünze. Sie bückte sich, hob sie auf und dankte Gott für das goldene Geschenk. Aber Rita vertraute lieber auf Gottes Vorsehung, die die Wohltätigen zu Almosen anregte, und warf die Goldmünze in den Fluss. Darüber waren alle Schwestern höchst erstaunt. Einige schimpften, andere sagten, angesichts ihrer misslichen Lage sei das, was sie getan hatte, eine Sünde, und fügten hinzu, Gott habe ihnen doch das Geld als Hilfe in ihrer Not gesandt.

Rita schaute die Schwestern an und mit der sanften Stimme eines Engels bat sie ihre Mitschwestern, ihr nicht böse zu sein, weil sie das Geld in den Fluss geworfen habe. Sie habe dies getan, weil die Goldmünze, obgleich klein und von geringem Gewicht, von ihr so schwer empfunden wurde, dass sie sie nicht länger tragen konnte. Dann ermahnte sie ihre Mitschwestern, auf Gott zu vertrauen und an ihn zu glauben. Sie versicherte ihnen, dass sie auf der Reise keine Not leiden müssten, da Gott immer für sie sorgen werde. Die Schwestern waren durch Ritas Worte sehr erbaut und getröstet und setzten gut gestimmt ihre Reise fort. Und als sie bemerkten, mit welcher Liebe sie immer wieder empfangen wurden, dankten sie Gott für seine Güte und Großzügigkeit.

Als die Schwestern Rom erreichten, gingen sie gemeinsam zu den Stationskirchen, die zum Pflichtprogramm gehörten. Dort beteten sie in tiefer Andacht, bestrebt, den Jubiläumsablass zu gewinnen. Ritas große Sammlung und Frömmigkeit auf ihrem Weg von einer Stationskirche zur nächsten fiel nicht nur ihren Mitschwestern auf, sondern auch vielen anderen Pilgern.

Nach dem Besuch der Märtyrergräber und anderer heiliger Stätten in der Stadt des heiligen Petrus kehrten Rita und die Schwestern in ihr Kloster zurück. Ritas Mitschwestern waren sehr erbaut von ihrer einzigartigen Frömmigkeit auf der gesamten Wallfahrt und dankten Gott für eine so heiligmäßige Gefährtin und für ihre gute Rückkehr ins Kloster. Besonders freuten sich die Armen und Bedrängten von Cascia. Auch sie dankten Gott, als sie die gute Nachricht vernahmen, dass ihre geliebte Schwester Rita aus Rom zurückgekehrt war. Niemand war über ihre Rückkehr glücklicher als Rita selbst, und als sie auf den Stufen vor dem Kloster stand, erfüllte eine ganz besondere Freude ihr Herz. Als sie über die Schwelle trat, wurde genau in diesem Augenblick die alte Wunde auf der Stirn wieder sichtbar, und Rita spürte einen heftigen Schmerz. Natürlich waren die Schwestern überrascht beim Anblick von Ritas entstellter Stirn, aber mit Tränen in den Augen erkannten sie, dass diese Wunde wirklich eine Gabe Gottes war und dass er sie geheilt hatte, damit Rita nach Rom pilgern konnte.

Von diesem Tag an war Ritas Leben eine einzige Passion. Ständig litt sie heftige, unerträgliche Schmerzen, die nicht nur durch den aggressiven Geruch verstärkt wurden, der aus der Wunde drang, sondern auch von den kleinen Maden verursacht wurde, die in der Wunde lebten. Rita ertrug das alles mit unsagbarer Geduld. Sie litt mit Freude die Qualen, welche die Maden verursachten, und als sie eines Tages darauf angesprochen wurde, antwortete sie: »Das sind meine kleinen Engel.« Sie nannte sie so, weil sie ihre Geduld auf die Probe stellten und sie unablässig an die Qualen erinnerten, die Jesus durch die Dornenkrone erlitten hatte.

26. Kapitel

Ritas Krankheit und die wunderbaren Zeichen

Nach ihrer Rückkehr aus Rom verstärkten sich die Schmerzen durch die Wunde an der Stirn, sodass ihr Leben wirklich zu einem Martyrium wurde. In einem mystischen Erlebnis kam der Gottessohn vom Himmel, um sie mit seiner göttlichen Gegenwart zu trösten. Dieser Besuch erfüllte Ritas Seele mit außerordentlicher Wonne und Dankbarkeit. Ihr Verstand versank gleichsam in einer unfassbaren Glückseligkeit. Rita musste jedoch erkennen, dass das Meer des Glücks, in das sie eintauchte, zeitlich begrenzt war. Glühend sehnte sie sich danach, ihrem göttlichen Bräutigam zu folgen. Aber er entschwand ihrem Blick, nachdem er ihr einen Vorgeschmack von der himmlischen Glückseligkeit gegeben hatte.

Nachdem der Herr sie verlassen hatte, blieb in Ritas Herz eine so tiefe Wunde zurück, dass sie vor Liebe krank wurde. Sie hatte eine so heftige Fieberattacke, dass sie ihr ärmliches, hartes Lager aufsuchen musste, auf dem sie dann mehr tot als lebendig lag, ohne dass jemand den Grund ihrer Krankheit ahnte. Sie litt auch weiterhin an den Qualen der Stirnwunde und diese verschärften sich durch die ständigen Bewegungen der kleinen Maden, deren Zahl zunahm. In all den Jahren der Krankheit äußerte sie nie einen Seufzer oder ein Wort der Klage, vielmehr verströmte sie bei allem, was sie tat, die himmlische Liebe, die ihr Herz mit den Flammen des göttlichen Feuers verzehrte. Dennoch suchte Rita in all der Drangsal keine menschliche Erleichterung. Ihre größte Freude war es, Seele und Leib mit dem Brot vom Himmel zu nähren und ihren Durst mit dem bitteren Kelch des Leidens Christi zu stillen. So ernährte sie sich vier Jahre lang auf wunderbare Weise nur vom Leib und Blut Christi.

Um zu zeigen, wie lieb Rita ihrem göttlichen Bräutigam war und dass sie auch das Unmögliche von Gott erwirken konnte, regte er sie an, eine Blume und zwei Feigen aus ihrem kleinen Garten zu erbitten, der einst ihr gehört und den sie mit eigener Hand bestellt hatte.

An einem Tag im Januar kam ihre Cousine ins Kloster der Heiligen Maria Magdalena, um Rita zu besuchen. Der Besuch war nur kurz, denn Rita war an diesem Tag schwer krank und litt sehr. Als sie sich verabschiedete, fragte die Verwandte, ob sie etwas für sie tun könne. Rita bejahte dies und bat sie, eine Rose aus dem Garten ihres früheren Hauses in Roccaporena zu holen und ihr zu bringen. Diese Bitte überraschte ihre Cousine. Sie dachte, dass wohl auch Ritas Verstand von der Krankheit etwas angegriffen war, da es mitten im Winter und in Roccaporena extrem kalt war. So konnten sich die anwesenden Schwestern und die Verwandte nicht vorstellen, dass dort eine blühende Rose zu finden sein sollte. Trotzdem erwiderte die Cousine, um Rita eine Freude zu machen, dass sie versuchen wolle, ihr den Wunsch zu erfüllen, auch wenn sie dachte, dass es unmöglich sei. Rita bemerkte in Anwesenheit der Cousine noch, dass bei Gott nichts unmöglich sei. Da Rita dies mit großer Sicherheit geäußert hatte, machte sich die Cousine sofort auf den Weg nach Roccaporena, und zu ihrer großen Verwunderung sah sie beim Betreten des Gartens an einem dürren, blätterlosen Rosenstrauch eine wunderschöne rote Rose in voller Blüte. Sie pflückte sie, kehrte, so schnell sie konnte, nach Cascia zurück und übergab Rita die Rose. Voller Freude nahm Rita die Blume entgegen. Auf ihrem Gesicht leuchtete ein Lächeln auf, als sie die Blüte ehrfürchtig küsste, und ihr Herz sagte Gott Dank, denn sie sah in dieser Rose ihren lieben, dornengekrönten Jesus. Dann übergab sie die wunderbare Blume ihrer Oberin, und von ihr aus ging sie unter den Schwestern von Hand zu Hand. Sie alle bewunderten ihre Schönheit und dankten Gott, der diese wunderbare Rose mitten im kalten Winter hatten wachsen lassen, um Ritas Heiligkeit erkennbar zu machen. Zum Gedächtnis an dieses Ereignis werden jedes Jahr in allen Kirchen des Augustinerordens am Fest der heiligen Rita Rosen gesegnet und an die Gläubigen verteilt.

Kurz nach dem Rosenwunder wirkte Gott auf Ritas Bitte hin ein weiteres Wunder. Im gleichen Monat Januar kam Ritas Cousine erneut zu einem Besuch ins Kloster. Rita bat sie, die beiden Feigen zu holen, die sie an einem bestimmten gefrorenen Baum im Garten von Roccaporena finden würde. Dieses Mal hatte die Cousine keinerlei Zweifel und eilte davon, um die Feigen zu holen. Ohne Schwierigkeiten fand sie den Baum, den Rita beschrieben hatte, und die zwei reifen Feigen. Mit ebenso viel Freude wie Bewunderung pflückte sie die Früchte und brachte sie zu Rita ins Kloster. Diese freute sich sehr, und auch die Schwestern dankten Gott, dass er ihnen ein zweites Mal die Heiligkeit ihrer Mitschwester gezeigt hatte. Rita selbst aber betrachtete die wunderbaren Ereignisse als einen Hinweis darauf, dass die Zeit nahe war, von diesem Leben ins Jenseits hinüberzugehen, um sich in alle Ewigkeit der unverwelklichen Blumen und der köstlichen Früchte des himmlischen Paradieses zu erfreuen.

27. Kapitel

Ritas glückseliger Tod

Rita erkannte also in den beiden Wundern himmlische Vorboten ihres bevorstehenden Todes. Um Rita ihren nahen Heimgang anzukündigen, erschien ihr Jesus kurz vor ihrem Tod in Begleitung seiner heiligen Mutter. Dieser Besuch überflutete Ritas Herz mit unaussprechlicher Freude. Nun wusste sie, dass ihre Qualen und Schmerzen bald zu Ende sein würden. Rita dankte Jesus viele Male innig und aus ganzem Herzen, dass er ihr die Gunst seiner göttlichen Gegenwart geschenkt hatte, und sie vergaß auch nicht, der allerseligsten Jungfrau zu danken, der Mutter ihres göttlichen Bräutigams, den sie zärtlich und glühend liebte.

Als die Schwestern des Klosters der Heiligen Maria Magdalena erfuhren, dass Rita mit der Gnade einer Vision beschenkt und ihr geoffenbart worden war, dass sie die Gemeinschaft bald verlassen würde, knieten sie sich um ihr Bett und schauten mit Tränen in den Augen auf ihre geliebte Mitschwester, deren Gesicht von himmlischer Freude erstrahlte. Sie bat die Oberin und ihre Mitschwestern um Verzeihung, falls sie sie durch mangelnde Liebe oder mangelnden Gehorsam verletzt habe. Und sie bat sie auch um Nachsicht für all die Unannehmlichkeiten und Störungen durch ihre lange Krankheit, besonders auch für solche, die durch ihre hässliche Wunde an der Stirn verursacht worden waren. Auch für unbeabsichtigte Beleidigungen bat sie die Schwestern um Verzeihung und empfahl sich ihrem Gebet.

Die Schwestern weinten bittere Tränen, als sie Ritas Worte hörten, vor allem auch beim Gedanken daran, dass sie sie nun verlieren würden, die schon durch ihre bloße Anwesenheit sie so oft getröstet und durch ihr gutes Beispiel erbaut hatte.

Rita bat nun um die Sterbesakramente. Nach der Beichte, bei der sie viele Tränen vergoss, empfing sie die Krankensalbung und das Sakrament der Eucharistie. Der Trost der göttlichen Gaben schenkte Rita eine vollkommene Linderung ihrer vorherigen Qualen. Sie erflehte auch die Hilfe der Himmelskönigin und die Fürsprache ihrer drei mächtigen Schutzheiligen.

Als Rita spürte, dass ihre letzte Stunde gekommen war, bat sie die Oberin um ihren Segen. Durch diesen letzten Demutsakt wollte sie noch einmal den Wert des vollkommenen Gehorsams betonen. Sie segnete auch die Schwestern und dann heftete Rita den Blick auf das Kreuz. Im gleichen Augenblick, als Rita ihre Seele aushauchte, sah eine der Schwestern, wie ihre Seele von Engeln zum Himmel getragen wurde.

Schwester Rita starb am 22. Mai 1447. Sie wurde 76 Jahre alt, wovon sie 40 Jahre als Augustiner-Eremitin im Kloster der Heiligen Maria Magdalena gelebt hatte.

28. Kapitel

Außerordentliche Ereignisse nach Ritas Tod

Kaum hatte Rita diese Welt verlassen, als sich außerordentliche Dinge ereigneten. Direkt nach ihrem Tod wurde ihre Zelle von einem übernatürlichen Licht erfüllt und ihrem Leichnam entströmte ein wunderbarer Duft wie von Rosen, Lilien und anderen Blumen. Sie erfüllten das ganze Kloster mit einem himmlischen Wohlgeruch, ein doppelter Ausgleich für den unerträglichen Geruch, den zuvor die entstellende Stirnwunde verbreitet hatte. Die kleinen Maden, durch die Ritas Gesicht so abstoßend gewirkt hatte, verwandelten sich in schöne kleine Lichtpunkte, die wie Sterne funkelten, und die von dem Dorn verursachte Wunde leuchtete wie ein Rubin. Ihr Körper hatte nicht das Aussehen einer Leiche. Vor ihrem Tod war er fast wie ein Skelett gewesen durch ihre ständigen Bußübungen und die vier Jahre währende Krankheit. Jetzt aber sah Rita frisch aus, als ob sie friedlich schliefe.

Genau im Augenblick von Ritas Tod begann die große Glocke des Klosters der Heiligen Maria Magdalena zu läuten, und als sie endete, ertönten auch die Glocken der Marienkirche und des Klosters der Heiligen Luzia nach dem Zeugnis von P. Donato Donati aus Lucca. Das Geläute rief viele Menschen zur Klosterkirche der Heiligen Maria Magdalena. Und als der Hausgeistliche des Klosters ihnen mitteilte, dass die Glocken Ritas Sterben verkündeten, entstand ein Augenblick der Stille unter den Leuten, dann stiegen ihnen Tränen in die Augen und sie weinten bitterlich. Sie wussten und spürten, dass sie eine Mutter und Beschützerin in ihren Mühen und Nöten verloren hatten. Doch allmählich besannen sie sich und trösteten sich mit dem Gedanken, dass Rita auch weiterhin ihre Patronin und Beschützerin sein würde.

Nachdem die Schwestern Ritas Leichnam für die Beerdigung vorbereitet hatten mit dem gleichen Habit und Schleier, den sie seit ihrem Eintritt getragen hatte, wurde ihre sterbliche Hülle in die Kirche gebracht und vor dem Hauptaltar auf einen Katafalk gelegt. Die Kirche war gedrängt voll von Menschen, denn außer den Gläubigen aus Cascia waren auch noch sehr viele Menschen aus den Nachbarstädten und -dörfern gekommen. Alle Anwesenden staunten über den himmlischen Duft, den ihr Körper verströmte, und das Licht, das ihr Gesicht ausstrahlte. Am auffälligsten war das Leuchten der Stirnwunde.

Viele aus der großen Menschenmenge in der Kirche hatten das Glück, den Leib der Heiligen berühren zu dürfen, und nicht wenige empfingen dabei eine besondere Gnade. Einen bemerkenswerten Fall erwähnen wir hier. Eine von Ritas Verwandten litt jahrelang an heftigen Schmerzen an einem Arm. Die Ärzte konnten ihr nicht helfen, sodass ihr Arm gelähmt blieb. Mit starkem Glauben und Vertrauen auf die Fürsprache der Verstorbenen kam die bedrängte Frau näher und berührte Ritas Leichnam mit dem gelähmten Arm. Im selben Moment wurde er geheilt zur großen Überraschung der vielen Menschen, die dieses Wunder miterlebten. Natürlich brachen die Leute in Freude aus und priesen Gott mit lauter Stimme. Sie dankten ihm, dass er ihnen einen Beweis der Heiligkeit dieser frommen Dienerin gegeben hatte, und ihr Herz war erfüllt von großer Ehrfurcht vor Ritas Leichnam.

Nie zuvor hatte Cascia erlebt, dass eine so große Menschenmenge einer Verstorbenen die letzte Ehre erwies. Der Andrang war so groß, dass Ritas Leichnam drei Tage lang in der Kirche aufgebahrt wurde. In diesen drei Tagen geschahen auf ihre Fürsprache viele Wunder. Viele Menschen vertraten die Meinung, dass der Leichnam nicht beerdigt werden sollte, weil er keine Anzeichen von Verwesung zeige.

Die Nonnen des Klosters der Heiligen Maria Magdalena fassten den Entschluss, den Leib der Heiligen innerhalb des Klosters beizusetzen. Zu jener Zeit gab es nur einen Schreiner in Cascia, der Francesco Barbari hieß. Zwei Schwestern gingen zu seinem Haus, um ihn zu bitten, für Ritas Leichnam einen Sarg anzufertigen. Als sie bei ihm eintraten, fanden sie ihn in einem Lehnstuhl so krank und schwach vor, dass er weder Hände noch Füße bewegen konnte. Als er vernahm, welchen Auftrag die Schwestern für ihn hatten, drang ein Hoffnungsschimmer in sein Herz. Er versprach den Schwestern, den Sarg anzufertigen, falls er auf die Fürsprache der Heiligen wieder gesund würde. Wie aus den Akten zu Ritas Seligsprechung deutlich wird, wurde Francesco Barbari auf Ritas Fürsprache geheilt, sodass er den Sarg anfertigen konnte, in den der Leib der heiligen Augustinerin gelegt wurde.

Dann trug man ihn aus der Kirche hinaus in den Gebetsraum, in dem Rita unter dem Kreuz die Stirnwunde empfangen hatte. Zu Ehren der heiligen Rita baute man dann über ihrem Sarg einen Altar, der von einem niedrigen Geländer umgeben ist. Der Gebetsraum liegt zwischen dem Kloster und der Kirche und ist mit hohen Eisengittern umgeben. Durch die Fürbitte der heiligen Rita verleiht Gott den Gläubigen auch heute noch besondere Gnaden, vor allem jenen, die sie besonders verehren.

29. Kapitel

Zeichen der Verehrung

Ritas Verehrung setzte unmittelbar nach ihrem Tod ein. Täglich, vom frühen Morgen bis zum Sonnenuntergang, war die Kirche des Klosters der Heiligen Maria Magdalena mit frommen Betern gefüllt, die in der Verehrung ihrer sterblichen Überreste wetteiferten, als wäre sie bereits von der Kirche heiliggesprochen worden. Die Pilger stammten nicht nur aus Cascia, sondern auch aus der ganzen Umgebung. Sie kamen an Ritas Todestag jährlich in Prozessionen, um sie zu verehren. Das bislang der heiligen Maria Magdalena geweihte Kloster und die Kirche wurden nun als Kirche und Kloster der Heiligen Rita bekannt.

Die Liebe und Verehrung der Bewohner von Cascia war so groß, dass sie einen berühmten Maler beauftragten, für die Kirche ein prachtvolles Gemälde der heiligen Rita zu malen. Darauf sind einige bedeutende Ereignisse ihres Lebens wiedergegeben. Auch das Haus in Roccaporena, in dem Rita geboren wurde und lebte, bevor sie ins Kloster eintrat, wurde zum Gegenstand der Verehrung und wenige Jahre nach Ritas Tod zu einer Kirche umgestaltet. Und auch die Zelle, die die Heilige bewohnt hatte, wurde für die Schwestern bald ein geheiligter Ort, den sie oft aufsuchten, um zu beten und die Fürsprache ihrer lieben verstorbenen Mitschwester anzurufen.

Im Laufe der Zeit nahm die Verehrung der heiligen Rita zu und die auf ihre Fürbitte gewirkten Wunder vervielfachten sich. Ritas Name und ihr Ruf breiteten sich in ganz Italien aus, sodass Menschen in Not aus allen Schichten nach Cascia pilgerten. Zahllos sind die Wunder, die in der Kirche der Heiligen Rita in dem halben Jahrhundert nach ihrem Tod geschahen. Viele Menschen, die an allen möglichen Krankheiten litten, kamen nach Cascia, um Ritas Hilfe zu erbitten. Aus den vielen Votivtafeln in der Kirche, die von Menschen gespendet wurden, deren Gebete Erhörung fanden, können wir schließen, dass sehr viele Kranke und Bedrängte durch Rita Trost und Heilung fanden.

Ritas Verehrung hatte auch in moralischer Hinsicht eine heilsame Wirkung auf Cascia. Die Liebe zu Gott und die Frömmigkeit nahmen unter den Einwohnern zu.

Dass der Heilige Stuhl Ritas öffentliche Verehrung genehmigte, bevor sie offiziell seliggesprochen wurde, kann man aus einem Brief ableiten, den Kardinal Borghese, ein Neffe Papst Pauls V., an den Bürgermeister von Cascia geschrieben hatte. In diesem Brief gab er die Genehmigung, dass die Gemeinde von Cascia ein Banner zu Ritas Ehren in Auftrag geben könne, das bei der jährlichen Prozession mitgeführt werden sollte. Ein entsprechendes Banner mit Ritas Bild und dem Wappen Papst Pauls V. wurde in Auftrag gegeben.

30. Kapitel

Besondere Privilegien

Das erste und wichtigste Privileg, das Gott dem Leichnam der heiligen Rita gewährte, liegt darin, dass er nicht dem natürlichen Gesetz der Verwesung unterlag. Es ist wirklich wunderbar, dass seit den Jahrhunderten, die seit Ritas Tod vergangen sind, ihr Leib ohne Anzeichen der Verwesung erhalten ist. Rita sieht aus, als schliefe sie. Ihr Mund ist leicht geöffnet, sodass man ihre weißen Zähne sehen kann. Ihre Augen sind halb offen, während sie nach ihrem Tod bis zur Seligsprechung geschlossen waren. Gekleidet ist der Leichnam mit dem Habit und dem Schleier. Beides trug Rita seit dem Eintritt ins Kloster bis zu ihrem Tod. Noch immer sind die Kleidungsstücke in gutem Zustand. Nicht weniger wunderbar ist die Tatsache, dass von Ritas Berührungsreliquien Heilungskräfte ausgehen. Von Zeit zu Zeit legen die Schwestern auf Ritas Körper Wollstoff oder Leinen und schneiden diese dann in kleine Stücke. Diese verteilen sie an die Gläubigen. Durch diese kleinen Stoffstücke sind schon viele Wunder geschehen. Zum Nachweis einige wunderbare Ereignisse:

Am 10. Juni 1525 wurde ein kleiner Junge, der Sohn von Giovanni Francesco di Nardo aus San Bruno, plötzlich von einem Gehirnschlag getroffen. Drei Tag lang konnte das Kind weder essen noch die Augen öffnen noch sprechen. Der Vater vertraute auf Ritas Fürsprache und begab sich nach Cascia. Nach dem Besuch ihrer Grabstätte erhielt er ein kleines Stück von Ritas Ordenskleid. Bei seiner Heimkehr legte er das Stückchen Stoff, das die Schwestern ihm gegeben hatten, seinem Sohn auf die Augen. Der kleine Junge öffnete die Augen und begann zu sprechen. Er war vollständig von seinem Gehirnschlag geheilt.

Am 27. April 1652 geriet ein Haus in Brand, das Signora Clara Calderini, der Ehefrau von Giovanni Polidoro aus Narni, gehörte. Wegen Wassermangels gab es keine Hoffnung, das Gebäude zu retten. Doch als man ein schmales Stück Wollstoff, mit dem man den Schleier der inzwischen seliggesprochenen Rita berührt hatte, in die Flammen warf, erloschen sie fast auf der Stelle. Dieses Ereignis haben die Amtspersonen der Stadt Narni am 21. Mai desselben Jahres offiziell beglaubigt.

Das dritte Wunder ist der süße Wohlgeruch, den Ritas Leib fortwährend verströmt. Er ist manchmal stärker wahrnehmbar als zu anderen Zeiten. Mitunter dringt der Duft über die Kirche hinaus, vor allem wenn durch Ritas Fürbitte große Gnaden von Gott erlangt werden. Dann läuten die Schwestern die große Klosterglocke zum Zeichen der Dankbarkeit. Bei einer Gelegenheit war der Wohlgeruch so außerordentlich deutlich wahrnehmbar, dass die Schwestern höchst begierig waren, die Ursache zu erfahren. Wenige Tage später erfuhren sie den Grund. Eine Dame, Ehefrau eines bedeutenden Arztes aus Sinigaglia, kam zum Kloster und erzählte den Schwestern, dass ihr Sohn, dessen Leben ihr Mann und andere Ärzte bereits aufgegeben hatten, durch Ritas Fürbitte geheilt worden war. Als Dank für diese große Gunst brachte die überglückliche Mutter eine große silberne Votivgabe, die auf Ritas Grabmal gelegt werden sollte.

Das vierte Wunder betrifft das Faktum, dass Ritas Körper lebendig erscheint, weil er sich manchmal von selbst erhebt und dabei das Geflecht des Gitters berührt, das den Sarg bedeckt.[3] Dieses Wunder ereignet sich speziell an Ritas Namenstag, dem 22. Mai, und auch wenn der Bischof von Spoleto oder der Regierungspräsident der Provinz Umbrien nach Cascia kommen, um die Heilige zu verehren. Vielleicht möchte Rita, die zu Lebzeiten ein Vorbild des Gehorsams gegenüber ihren Oberen war, auch nach ihrem Tod noch ein Zeichen für diesen Gehorsam setzen.

Das fünfte Wunderzeichen liegt in der Kraft der kleinen Brote, auf denen Ritas Gestalt eingeprägt ist. Die Schwestern verteilen sie an ihrem Festtag und auch während des Jahres, wenn Pilger zu ihrem Grabmal kommen, um sie zu verehren. Die Schwestern stellen diese kleinen Brote mit Sorgfalt her. Danach werden sie mit Stoff bedeckt, der den Leichnam der heiligen Rita berührt hat. Viele Menschen, die schweres Fieber oder andere Krankheiten hatten, wurden geheilt, wenn sie ein solches Brot aßen. Und so manches Regen- und Hagelwetter, ja sogar Stürme auf dem Meer hörten plötzlich auf, wenn man eines dieser kleinen Brote in die Luft hielt und dabei ein Vaterunser und ein Ave-Maria betete.

Das sechste Wunder zeigt sich in den Heilkräften des Öls jener Lampe, die ununterbrochen vor Ritas Grabmal brennt. Viele auffallende Heilungen wurden dadurch bewirkt, dass Menschen auf die Fürsprache der heiligen Rita vertrauten und die kranken Teile des Körpers mit einigen Tropfen dieses Öls einrieben.

Im Jahr 1620 reiste Coluccia, eine gute und fromme Frau, Gattin von Giovanni Andreas, der aus Nursia stammte, mit ihrem kleinen Sohn nach Cascia. Der Knabe

---

[3] Dokumentation der Elevationen von Ritas Körper aus früheren Zeiten in den Archiven der Erzdiözese Spoleto.

war an Händen und Füßen gelähmt. Als Coluccia mit ihrem stark behinderten Kind zu Ritas Grab kam, erhielt sie etwas von dem Öl. Und als sie ihm die Hände und Füße damit einrieb, erlebte sie die unfassbare Freude, dass ihr Sohn sofort geheilt war. Der Junge pflegte danach immer zu sagen: »Ich bin ein Kind der heiligen Rita von Cascia.«

Eine große Gnade wurde auch Alessandro Alessandrini aus Amatrice in den Abruzzen zuteil. Er stand an der Schwelle des Todes wegen einer tiefen Wunde im Oberschenkel. Nachdem er die Wunde mit dem Öl bestrichen hatte, heilte sie, ohne die geringste Spur einer Narbe zu hinterlassen.

Nicht weniger glücklich verlief das Geschick von Granicia, der Tochter von Antonio Vanatelli aus Atri, einem Dorf, das zu Cascia gehörte. Das junge Mädchen litt unter heftigen Schmerzen aufgrund eines Tumors in der rechten Seite. Sie nahm ihre Zuflucht zur seligen Rita und rieb die kranke Seite mit dem Öl ein. Daraufhin hörten die Schmerzen auf und der Tumor verschwand.

Im Jahr 1616 verlor Pompeo Benenato aus Cascia, damals Gouverneur von Ferrara, durch heftiges Nasenbluten so viel Blut, dass er ganz kraftlos wurde. Die Ärzte versuchten alles, konnten es aber nicht eindämmen. Der Gouverneur war ein Mann des Glaubens. Er hielt eine Novene zu Rita. Am letzten Tag der Novene floss das Blut noch reichlicher als zuvor. Der Mann salbte seine Nase mit dem Öl, machte das Kreuzzeichen und rief Rita um Hilfe an. Da hörte der Blutfluss plötzlich auf. Als Dank für diese große Gnade stiftete der Gouverneur eine schöne, wertvolle Lampe für Ritas Schrein.

Doch unter den zahlreichen Wundern, durch die Gott die Heiligkeit seiner Dienerin Rita bestätigte, ist vielleicht jenes am staunenswertesten, das gewöhnlich »Ritas Bienen« genannt wird. Wir erwähnten bereits, dass weiße Bienen Ritas Wiege umschwärmten. Doch die Bienen, von denen wir jetzt sprechen, erschienen zum ersten Mal, als Rita ins Kloster eintrat. Dort befinden sie sich nun in einem verborgenen Teil der Klostermauer. Jedes Jahr in der Karwoche verlassen sie diesen Platz und kehren am Fest der heiligen Rita zurück. Während des Jahres fliegen sie oftmals durch das Kloster und den Garten. Doch bemerkenswerterweise fliegen sie zuerst zum Zimmer der Priorin, als ob sie um Erlaubnis bitten wollten, ihre »Rekreation« zu halten. Weiterhin fällt auf, dass sie immer bei den Schwestern sind, wenn diese den Teig für die kleinen Rita-Brote kneten. Man könnte meinen, diese kleinen geflügelten Wesen wollten die Schwestern durch ihr ständiges Summen bei ihrer Arbeit ermuntern.

31. Kapitel

Durch Ritas Fürsprache geschehene Wunder

Die Seiten der Kirchengeschichte sind gefüllt mit Namen von Heiligen, die Gott dadurch auszeichnete, dass er sie zu Werkzeugen seiner Gnade erwählte. Die heilige Rita von Cascia ist unter ihnen besonders bevorzugt. Denn die auf ihre Fürsprache geschehenen Wunder sind so außerordentlich, dass sie den ehrenvollen Titel »Heilige des Unmöglichen« verdient.

Nachstehend werden einige Wunder aufgeführt, die in den Akten zu ihrem Seligsprechungsprozess wiedergegeben werden.

Dass Gott Rita die Macht verlieh, den Feind des Menschengeschlechtes in die Schranken zu weisen, zeigt sich in der Zahl der Personen, die sie von der Tyrannei und Versklavung durch den Bösen befreite. Dazu zwei eindrucksvolle Beispiele: Perna, Tochter von Giovanni und Elena Tuzi aus Norcia, wurde jahrelang von einem bösen Geist gequält, der ihren Körper in Besitz genommen hatte. Am 10. Juni 1491 ging Perna nach Cascia, und während sie vor Ritas Grabmal kniete, wurde der böse Geist gezwungen, sie zu verlassen.

Eine andere Frau mit Namen Cassandra aus L'Aquila war von einem Dämon besessen. Gott ließ es zu als Strafe, weil sie ihr Versprechen gebrochen hatte, Rita an ihrem Grabmal zu verehren, durch deren Fürsprache ihr kranker Junge geheilt worden war, als er bereits im Sterben lag. Drei Jahre lang quälte der Teufel die Frau sehr. Mit Gewalt brachten zwei ihrer erwachsenen Söhne sie zu Ritas Grab und sofort wurde Cassandra von der Macht des Bösen befreit. Als der Teufel sie verlassen hatte, machte die Frau das Wunder in allen Einzelheiten bekannt. Dies geschah im Jahr 1541.

Nicht weniger beeindruckend war Ritas Fürsprache für Blinde. Eine Frau namens Lucia di Santi aus dem Dorf Santa Maria war fünfzehn Jahre lang des Augenlichts beraubt. Am 18. Juni 1457 wurde sie von ihrer Blindheit geheilt, nachdem sie fünfzehn Tage lang an Ritas Grabmal gebetet hatte.

Im Jahr 1539 erlangte eine andere blinde Frau durch Ritas Fürsprache die volle Sehkraft zurück.

Dieselbe Gunst wurde Bernardino, dem Sohn Tiberios, zuteil, der sich bei einem Unfall an einem Auge verletzt hatte. Nach Meinung angesehener Ärzte bestand für ihn die Gefahr, die Sehkraft am anderen Auge zu verlieren. Aber als man ihn zu Ritas Grab führte, bat er demütig um Hilfe und sein Auge wurde geheilt.

Auf Ritas Fürsprache wurden auch Taube und Stumme geheilt. Im Mai des Jahres 1457 wurde Francesca, Tochter von Antonio, einem Bürger aus Fucella, die fünf Jahre lang auf einem Ohr taub gewesen war, sofort geheilt, als sie zu Rita betete.

Zur gleichen Zeit wurde Francesca, der von Geburt an stummen Tochter von Giovanni di Chiodo aus Viseli, einem kleinen Dorf in der Provinz Norcia, die Sprechfähigkeit geschenkt, als sie an Ritas Grab betete. Sie erregte großes Aufsehen und Erstaunen bei denen, die ebenfalls dort knieten, weil sie mit kräftiger Stimme das Ave-Maria betete. Es waren die ersten Worte, die sie je gesprochen hatte.

Am 13. Juli 1457 begann Francesco, der von Geburt an stumme Sohn von Antonio Pasquale aus San Cipriano in

Amatrice, zu sprechen, nachdem er zwei Tage lang an Ritas Grabstätte gebetet hatte.

Mattea di Cesare aus Rocca Indulsi in der Provinz Norcia kam taubstumm zur Welt. Von diesem doppelten Leiden wurde sie geheilt, als sie an Ritas Grab betete.

Im Jahr 1558 erhielt Porcia, die stumme Tochter von Gerolamo di Angelo, auf Ritas Fürsprache die Fähigkeit zum Sprechen.

Die inzwischen heiliggesprochene Rita ist auch eine besondere Fürsprecherin für Menschen mit Halskrankheiten. Ein gewisser Francesco di Monteferro war an Kehlkopfkrebs erkrankt. Er war ein guter, frommer Mann. Im Schlaf erschien ihm Rita. Allerdings zweifelte er, ob diese Vision echt war oder nicht. Und so erschien ihm Rita ein zweites Mal. Francesco erzählte Freunden von der Vision und fragte sie, ob ihnen eine Heilige bekannt sei, die eine Wunde an der Stirn habe. Aber seine Freunde lachten nur und machten sich über ihn lustig. Rita erschien ihm ein drittes Mal und nannte ihm ihren Namen. Nach dieser letzten Vision fühlte Francesco sich sehr getröstet und pilgerte nach Cascia. Beim Gebet an Ritas Grab wurde er vollständig von seinem Krebs geheilt. Das geschah im Jahr 1510. Als Dank an Gott für ein so großes Zeichen seiner Barmherzigkeit und Allmacht durch Ritas Fürsprache machten die Zeugen dieses Wunders eine Prozession durch die Straßen von Cascia.

Eine solche Gnade wurde auch Meister Francesco aus Mailand zuteil, der ebenfalls an Kehlkopfkrebs erkrankt war. Auch ihm erschien Rita dreimal und lud ihn ein, nach Cascia zu pilgern, um ihre Reliquien zu verehren. Er befolgte ihren Rat und wurde im Jahr 1500 geheilt.

Giovanna aus Fogliano litt unter einer schweren Halskrankheit. Sie konnte weder essen noch trinken und kaum atmen. Ihr Arzt konnte nichts tun, um ihr Erleichterung zu verschaffen. Oft wurde sie von heftigen Krämpfen geschüttelt, fiel dann in Ohnmacht und war wie tot. Einmal, als sie nach einem schweren Krampfanfall zu sich kam, sagte sie, sie habe die heilige Rita gesehen. Diese habe ihren Hals berührt und sie aufgefordert, etwas auszuspucken. Giovanna folgte ihrer Anordnung und wurde am 22. Mai 1481 von ihrer Krankheit geheilt.

Auch mit Gelähmten hatte Rita großes Mitleid. Unter den vielen, die auf ihre Fürsprache geheilt wurden, war auch eine Frau aus Longe. Sie war seit Jahren gelähmt gewesen. Angehörige hatten sie nach Cascia gebracht und stellten sie vor Ritas Grabmal. Und als sie mit Glauben und Vertrauen betete, wurde sie geheilt. Sie dankte Gott und Rita und kehrte zu Fuß nach Hause zurück. Dieses Wunder ereignete sich im Jahr 1489.

Auch vielen anderen Kranken, die Rita vertrauensvoll anriefen, durfte sie mit Gottes Gnade helfen. Lukrezia, Tochter von Paolo Notario aus Calforcella, litt viele Jahre unter Wassersucht. Als sie am 25. Mai 1547 vor Ritas Sarkophag stand und dort betete, wurde sie von ihrem Übel geheilt.

Venucio di Santi, gebürtig aus Folignano, brach sich den Arm. Er versprach Rita eine Opfergabe für ihr Heiligtum in Cascia, wenn er auf ihre Fürsprache geheilt würde, und sein Arm wurde sogleich wiederhergestellt. Er verschob allerdings die Erfüllung seines Versprechens und vergaß es dann ganz. Als er eines Tag auf dem Weg nach Norcia war, wo er geschäftlich zu tun hatte, spürte er plötzlich heftige Schmerzen an einem Fuß. Nur unter großen Schwierigkeiten konnte er hinkend gehen. Er erkannte, dass Gott ihn daran erinnerte, dass er sein Versprechen gegenüber Rita nicht eingelöst hatte. Mit Tränen in den Augen versprach er eine doppelte Opfergabe, wenn Rita ihn durch ihre Fürsprache bei Gott ein zweites Mal gesund machen würde, und sofort verschwand der Schmerz in seinem Fuß.

Im Jahr 1539 wurde der Sohn von Loreto di Pietrojaco auf Ritas Anrufung und ihre Fürsprache hin von seiner Epilepsie geheilt.

Ristoro Garrio aus Amatrice wurde von akuten Bauchkrämpfen gepeinigt. Er war schon dem Tod nahe, als er auf Anraten seiner Frau versprach, nach Cascia zu Ritas Grabstätte zu pilgern. Danach wurde er sofort gesund.

Giovanni Andrea, der vierjährige Sohn von Fabriano Fortunato, fiel in eine große Wanne mit kochendem Wasser. Er wurde so schwer verletzt, dass er weder sehen noch sprechen konnte. Seine arme Mutter empfahl ihren Sohn Rita, die in den Augen der Gläubigen schon damals als Heilige verehrt wurde, und in wenigen Tagen gewann er wieder das Augenlicht und die Sprechfähigkeit.

Cesare, der Sohn von Giovanni Francesco Nardi aus Cascia, hatte einen schweren Unfall. Drei Tage lang konnte er weder essen noch trinken. Seine Eltern brachten ihn zu Ritas Grab und schon nach einem kurzen Gebet wurde er vollständig geheilt.

Am 9. Dezember 1494 fällte Andrea, der Sohn von Giovanni Nucio, wohnhaft in Atri, Bäume. Dabei widerfuhr ihm das Unglück, dass er von einer umstürzenden Eiche getroffen wurde, die ihn zu Boden riss. Ihm war klar, dass er erdrückt würde, wenn ihm niemand zu Hilfe käme. Er rief Rita um Hilfe an, die ihm schon einmal eine Gnade gewährt hatte. Und es geschah das Wunder, dass sich der Baumstamm spaltete und Andrea ohne die geringste Verletzung mit dem Leben davonkam.

Der heiligen Rita wurde auch das Privileg zuteil, Ertrinkende retten zu dürfen. Am 1. Mai 1539 fiel Antonia, die

Tochter von Giovanni Silvestro aus Roccaporena, von der Brücke in einen Fluss. Die Strömung war so stark, dass das Mädchen in kurzer Zeit mehr als einen Kilometer mitgerissen wurde. Viele Menschen suchten sie. Sie dachten, sie sei ertrunken. Aber sie fanden sie am Fluss auf einer Bank sitzend. Sie erzählte, dass die heilige Rita sie gerettet habe. Sie habe sie angerufen, als sie in den Fluss fiel.

Im Jahr 1530 fiel Bartolomeo, der Sohn von Giacomo aus Calforcella, in einen Brunnen. Auf die Anrufung der heiligen Rita hin wurde er gerettet.

Und im Jahr 1535 rettete Rita das Leben eines kleinen Jungen, der in einen tiefen Brunnen gefallen war. Drei Stunden war er dort, bevor man ihn fand.

Diese und viele andere Wunder beweisen, dass Gott auf die Fürsprache der demütigen Augustinernonne Rita von Cascia diejenigen, die sie verehren und anrufen, in allen Gefahren des Leibes und der Seele beschützt.

32. Kapitel

Feierliche Seligsprechung

Als Papst Urban VIII. noch Bischof von Spoleto war, gab es für ihn er zahlreiche Gelegenheiten, einige der Wunder, die auf Ritas Fürsprache geschahen, zu bestaunen. Cascia gehörte zu seiner Diözese und deshalb besuchte er die Stadt jährlich mindestens einmal. Da er Rita außerordentlich schätzte, unterließ er es nie, ihr Grabmal aufzusuchen und ihrer zu gedenken. Auch nachdem er zum Papst gewählt worden war, vergaß er Rita nicht. Persönlich war er von ihrer Heiligkeit überzeugt, und deshalb ordnete er an, dass die Kardinäle der Ritenkongregation im Hinblick auf ihre Seligsprechung eine gründliche Untersuchung ihres Lebens vornehmen sollten. Am 14. Oktober 1626 sandte der Heilige Vater einen Brief an den Bischof von Spoleto, Monsignore Castrucci, und wies ihn an, den Prozess vorzubereiten und ernannte ihn zum Kirchenanwalt, ebenso den apostolischen Protonotar Monsignore Colangeli, der den Prozess am 19. Oktober desselben Jahres eröffnete. Beteiligt an diesem Prozess waren außerdem Antonio Raimondo und Francesco Venanco aus Cascia als Protonotare, P. Dr. theol. Venancio Pamfili, Anwalt und Bevollmächtigter der Schwestern des Klosters der Heiligen Maria Magdalena, Giovanni Cittadini und Leonardo Gregoretti aus Cascia als bevollmächtigte Abgeordnete der Stadt sowie P. Basilio Simonetti und P. Giovanni Battista di Domenico als Vertreter des Augustinerordens.

Die Schwestern des Konventes waren überzeugt, dass die Zeit für die Verehrung ihrer Mitschwester Rita gekommen war. Sie unterstrichen ihre Überzeugung, indem sie dem Heiligen Vater eine der Bienen aus dem Konvent von Cascia sandten, gleichsam ein Abkömmling der weißen Bienen, die bei Ritas Geburt erschienen waren. Das war zugleich eine Anspielung auf die drei Bienen im Wappen der Familie Barberini, von der Urban VIII. abstammte. Der Heilige Vater war erfreut über diese Aufmerksamkeit. Er segnete die Bienen durch die eine Biene, die die Schwestern ihm geschickt hatten, und sandte sie zum Kloster in Cascia zurück.

Als der Ermittlungsprozess über Ritas Leben abgeschlossen und von der Ritenkongregation überprüft worden war, kam die Kongregation zur Überzeugung, dass Ritas Tugenden und die auf ihre Fürsprache geschehenen Wunder ihren Ruf sogar noch übertrafen. Deshalb stimmte die Kongregation der Einschätzung der Apostolischen Kommission zu. Dementsprechend stimmte der Heilige Vater nicht nur der Verehrung Ritas zu, sondern er gewährte auf Bitten der Priorin und der Schwestern des Klosters der Heiligen Rita am 2. Oktober 1627 den Priestern des Augustinerordens das ehrenvolle Privileg, in der Diözese Spoleto die Heilige Messe und das Offizium zu Ehren der seligen Rita zu feiern; und auch die Schwestern dieses Ordens erhielten das Privileg, das Offizium zu Ehren der Seligen zu beten. Zehn Monate nach der apostolischen Approbation wurde Ritas Name in die Liste der Seligen aufgenommen und ins Römische Martyrologium eingetragen.

33. Kapitel

Feierlichkeiten anlässlich der Seligsprechung

Sobald der Heilige Stuhl Ritas Verehrung als Selige anerkannt und den Augustinern die bereits erwähnten Privilegien gewährt hatte, fanden in Rom und Cascia am 22. Mai 1628 große Feierlichkeiten zu Ehren der neuen Seligen statt. An diesem denkwürdigen Tag prangten auf der Fassade der römischen Kirche Sant'Agostino die Wappen des Augustinerordens zusammen mit dem Wappen des Papstes, auf dem, wie bereits erwähnt, drei Bienen zu sehen sind. Auch das Innere der Kirche war dem freudigen Anlass entsprechend geschmückt. Zahllose Gläubige hatten sich in der Kirche eingefunden, denn auch in Rom war Ritas heiligmäßiges Leben nicht unbekannt. Ein feierliches Hochamt wurde gefeiert und zum Abschluss der Messe sangen alle Anwesenden das *Te Deum*.

Doch so großartig und feierlich die Gestaltung des Festes in Rom auch war, die Feier in Cascia übertraf diese. Die Liebe und Verehrung für die selige Rita hatten die Bewohner von Cascia gedrängt, schon lange im Voraus alles vorzubereiten, um Rita in unvergesslicher Weise öffentlich zu ehren. Ritas Anerkennung durch den Heiligen Stuhl fand ein Echo in den Herzen aller Einwohner von Cascia und wohl selten wurde der Festtag der Seligsprechung mit größerer Begeisterung gefeiert.

Die wohlhabenden Leute von Cascia schmückten die Kirche der Schwestern innen und außen reichlich mit Girlanden und seidenen Wandteppichen, dazu mit 19 auf Leinen gemalten Bildern mit Szenen aus Ritas Leben. Am Abend vor dem Festtag brannten auf den Gipfeln der Berge und Hügel um Cascia Freudenfeuer. Sie luden die Leute aus der Umgebung ein, am Fest teilzunehmen.

Am Festtag selbst drängten sich in Cascia die Besucher aus allen Teilen Italiens. Niemals zuvor oder danach hat Cascia so viele Kleriker und Ordenspriester in seinen Mauern gesehen. Natürlich waren darunter zahlreiche Augustiner und Augustinerinnen, die Rita als ihre Schwester betrachteten.

Eine Sache allerdings ereignete sich, die die ganze wunderbare Zeremonie hätte ruinieren können, wenn Rita nicht eingegriffen hätte. Am Vorabend des Festes, als es Zeit war für die erste Vesper aus dem Offizium der neuen Seligen, forderte der Weltklerus das Recht, die Liturgie zu leiten. Die Augustinerpriester fochten dies heftig an. Sogar Laien mischten sich in diese verbale Auseinandersetzung ein, und eine Zeit lang sah es so aus, als wollten die Streithähne sogar tätlich werden.

Die Schwestern waren erschrocken über diesen emotionalen Streit und flehten zu Gott durch die Fürsprache ihrer Schwester Rita, damit sich die Streitenden beruhigten, und zu ihrer großen Überraschung erhob sich der Leib der Heiligen im Sarkophag und öffnete die Augen, die seit ihrem Tod vor 181 Jahren geschlossen waren. Die Schwestern läuteten die Klosterglocke und daraufhin gingen Tausende an Ritas Grabmal vorbei und wurden Augenzeugen dieses Wunders. Nach diesem Ereignis wurde der Frieden unter dem streitenden Klerus wiederhergestellt. Die Ordenspriester räumten den Weltklerikern ihre Rechte ein. Und so sangen sie die erste Vesper der neuen Seligen mit großer Andacht, begleitet von den harmonischen Klängen der Orgel.

Am folgenden Tag, dem Fest der heiligen Rita, zogen die Priester der Nachbarorte mit ihren Gemeindemitgliedern in Cascia ein. Alle trugen Wachskerzen in der Hand, die mit je einer Silbermünze als Opfer für die Heilige verziert waren. Als alle Pfarrgruppen versammelt waren, stellten die Leute sich zur Prozession auf. Voran gingen 300 Personen mit Fackeln.

Im Anschluss an die Prozession wurde die Heilige Messe gefeiert, danach sang man die zweite Vesper und die Komplet. Die Honoratioren der Stadt, der Bürgermeister und sein Rat und die Ältesten, waren zugegen und hatten ihren Platz im Chorraum, während das Kirchenschiff übervoll mit Gläubigen war. Am späten Nachmittag wurde das Theaterstück »Der Büßer König David« aufgeführt, und zwar auf einer eigens dafür errichteten Bühne auf dem größten Platz der Stadt.

Bevor der Festtag endete, geschah in Anwesenheit der Volksmenge ein weiteres Wunder zur größeren Ehre Gottes. Eine Frau, die aus einer vornehmen, einflussreichen Familie aus Spoleto stammte, hatte lange Jahre unter der Tyrannei eines bösen Geistes gelitten. Sie vertraute darauf, dass Rita ihr von Gott die Befreiung von ihrem Peiniger erlangen würde. Also begab sie sich mit einigen Verwandten und Freunden nach Cascia. Sie bahnte sich in der Kirche einen Weg durch die Menge bis zu Ritas Sarkophag. Dort betete sie und wurde von dem Dämon befreit.

34. Kapitel

Wunder nach Ritas Seligsprechung

Außer den zahlreichen Wundern, die auf Ritas Fürsprache in der Zeit nach ihrem Tod bis zu ihrer Seligsprechung geschehen waren, ereigneten sich auch viele Wunder nach ihrer Seligsprechung. Von einigen soll hier berichtet werden.

Zunächst soll nicht vergessen werden, dass Rita bei vielen Gelegenheiten für die Bedürfnisse der Schwestern ihres Konventes in Cascia sorgte. Eines Tages musste Schwester Costanza, die Priorin des Klosters, mit Schrecken feststellen, dass kein Tropfen Wein mehr da war, und sie hatte kein Geld, um Wein zu kaufen. Voll Vertrauen ging sie zu Ritas Grab und legte ihr das Problem ans Herz. Kurz darauf hörte die Oberin ein lautes Klopfen an der Klosterpforte. Als sie die Tür öffnete, stand ein Mann dort und sagte, er bringe ein Fass Wein für den Konvent. Als der Wein im Keller untergebracht war, verschwand der Mann ganz plötzlich und mit ihm der Wagen und der Esel.

Zu einer anderen Gelegenheit ergab sich für diese Oberin das gleiche Problem. Wiederum kam Rita zu Hilfe. Signora Petrangeli, die Ehefrau des Kämmerers von Cascia, schickte Wein zum Kloster. Als Notiz an die Oberin schrieb sie, dass sie drei Nächte hintereinander im Schlaf Rita habe sagen hören: »Schick etwas Wein zu den Schwestern, denn sie haben keinen mehr.«

Eine andere Priorin war in akuten Geldnöten, weil sie eine Rechnung bezahlen musste. Sie rief Rita um Hilfe an.

Noch am gleichen Tag fand sie die benötigte Summe im Almosenkasten.

Aber nicht nur in weltlichen Dingen half Rita den Schwestern ihres Klosters, sondern auch in ihren geistlichen Bedürfnissen. P. Gregorio Anselmi von Offida war zehn Jahre lang Beichtvater der Schwestern von Cascia gewesen und anschließend Subprior des Augustinerklosters in Rom. Er berichtete, dass er oft, wenn eine Schwester schwer krank war, wiederholt im Schlaf eine Stimme hörte, die ihn rief: »Pater! Beichtvater!« Er erwachte von dieser Stimme, von der er glaubte, dass es Ritas Stimme war. Und kaum hatte er sich angekleidet, als auch schon ein Bote aus dem Kloster herbeieilte und ihm mitteilte, dass eine Schwester lebensbedrohlich erkrankt sei und nach ihm rufe.

Derselbe Priester berichtete, dass Schwester Elisabetta, eine der Nonnen des Klosters, einige Zeit an einem grippalen Infekt gelitten habe. Eines Nachts fühlte sie sich ganz schwach und rief nach dem Beichtvater. Aber der Arzt und die Oberin meinten, es bestehe keinerlei Lebensgefahr. Deshalb waren sie nicht geneigt, nach ihm zu schicken, weil es auch schon sehr spät war. Dennoch entschloss sich die Oberin, dem Beichtvater eine Nachricht zu senden, fügte aber hinzu, dass es nicht dringend sei. Also blieb der Priester zu Hause. Am nächsten Morgen, während er die Messe feierte, hatte er den Eindruck, dass eine Stimme ihn aufforderte, schnell zu der kranken Schwester zu gehen. Nach der Messe ging er direkt zu der Patientin und sah, dass sie im Sterben lag. Kaum hatte er ihr die Sterbesakramente gespendet, als ihre Seele auch schon heimgerufen wurde. Bevor sie starb, sagte Schwester Elisabetta noch, dass die selige Rita den Beichtvater an ihr Bett gerufen habe, damit sie nicht ohne die Sakramente sterben musste.

Einige Tage vor dem Festtag der seligen Rita im Jahr 1658 bemerkte eine Frau, die sich zufällig in der Kirche befand, dass die Öllampe an Ritas Grabmal nicht brannte. Sie eilte sofort zur Sakristanin, um sie zu benachrichtigen. Die betreffende Schwester konnte es kaum glauben, weil sie doch selbst am frühen Morgen die Lampe angezündet hatte. Als sie dann zum Grabmal ging, sah sie zu ihren Erstaunen, dass der Docht in der Lampe erloschen war. Sie ging zur Sakristei, um einen Zündfaden zu holen. Bei ihrer Rückkehr war ihr Erstaunen noch größer. Die Lampe hatte sich ohne menschliches Zutun wieder entzündet. Dieses Ereignis wurde von Notar Giuseppe Benatti am 16. Juli 1660 als echt bestätigt.

Filippo Antonio Gregoretti aus Macerata lag aufgrund einer jahrelangen Krankheit im Sterben. Im Vertrauen auf Ritas Fürsprache bat er sie, Gott um seine Heilung zu bitten. Er tat es nicht vergeblich, denn seine Gesundheit wurde wiederhergestellt. Am 10. Mai 1661 schrieb Filippo selbst an die Priorin des Klosters in Cascia und informierte sie über die wunderbare Heilung, die ihm auf die Fürsprache der seligen Rita zuteilgeworden war.

Auch gegen die verheerenden Auswirkungen von Erdbeben erwies sich die heilige Rita als machtvoll. Im Jahr 1730 herrschte in der Stadt Cascia große Angst und Bestürzung. Hunderte von Menschen aus den umliegenden Städten und Dörfern eilten in die Stadt, um sich in die Klosterkirche zu flüchten. Ein Erdbeben hatte in wenigen Augenblicken viele Häuser zerstört. Beim ersten Beben in Cascia erhob sich Ritas Leichnam in ihrem Sarkophag von selbst, und zur großen Freude der erschreckten Leute, die ihren Schutz und ihre Hilfe gesucht hatten, hörte das Erdbeben auf, ohne weiteren Schaden anzurichten.

Ein letztes von vielen Beispielen: In der umbrischen Stadt Gubbio lebten ein Herr namens Persio Piasi und seine Gattin Cecilia. Beide stammten aus vornehmen und bekannten Familien, waren sehr wohlhabend und überdies waren sie sehr fromme Christen. Achtzehn Jahre lang lebten sie schon zusammen, aber Gott hatte ihre Ehe nicht mit Kindern gesegnet. Beide sehnten sich nach Nachkommen, die ihren Namen weitertragen und ihren Besitz erhalten sollten. Sie wandten sich an die selige Rita und fanden Erhörung. Cecilia gebar einen Sohn, dem sie unter anderen auch den Namen Rita gaben, denn sie betrachteten ihr Kind als ein Geschenk, das sie Ritas Fürsprache verdankten.

35. Kapitel

Feierliche Heiligsprechung

Mehr als zwei Jahrhunderte vergingen, bis am 24. Mai des Jahres 1900 Papst Leo XIII. verkündete, die selige Rita OSA von Cascia solle in den Katalog der Heiligen aufgenommen und ihr Gedenktag am 22. Mai jedes Jahres gefeiert werden.

Im Folgenden einige Details, die Ritas Heiligsprechung vorausgingen. Im Jahr 1737, mehr als ein Jahrhundert nach Ritas Seligsprechung, wurde der apostolische Prozess über ihre Tugenden und besonders über die auf ihre Fürsprache geschehenen Wunder eröffnet. Geführt wurde er von den Diözesangerichten von Spoleto und Nursia. Aus verschiedenen Gründen wurde der Prozess dann um über ein Jahrhundert verschoben. Am 9. September 1851 sandte Rom einen Brief an den Bischof von Nursia mit dem Auftrag, den Prozess wieder zu eröffnen und zum Abschluss zu bringen. Dies dauerte vier Jahre lang. 1855 wurden die Prozessunterlagen nach Rom gesandt und im folgenden Jahr von der Ritenkongregation approbiert. Per Dekret vom 29. Mai 1856 bestätigte Papst Pius IX. diese Entscheidung. Am 8. Juni 1896 wurde der Prozess aus dem Jahr 1626 von der Ritenkongregation angenommen und ihm damit der Rang eines apostolischen Prozesses verliehen. Am 6. April 1897 billigte diese Kongregation den Prozess um Ritas heroischen Tugendgrad und erklärte, man könne gleich zur Überprüfung der Wunder übergehen, die auf die Fürsprache der Heiligen geschehen waren. Nach langer, sorgfältiger Prüfung verfügte Papst Leo XIII. mit Dekret vom Palmsonntag, 8. April 1900, dass man mit aller Sicherheit Ritas feierliche Heiligsprechung vornehmen könne. Unter den vielen Wundern wurden die folgenden drei bestätigt, die auch in Ritas Heiligsprechungsakten aufgeführt sind:

»Das erste Wunder liegt darin, dass die sterblichen Überreste der Heiligen einen wohlriechenden Duft verströmen. Dies bestätigen viele vertrauenswürdige Zeugnisse und Überlieferungen, sodass eine Bezweiflung dieses Faktums widersinnig erschiene. Zudem kann keine natürliche Ursache für diesen Duft angegeben werden, wie physikalische Untersuchungen von ausgewiesenen Fachleuten zeigen. Auch verbreitet sich dieser Duft von selbst in einer Weise, die die üblichen Naturgesetze übersteigt. Daher können wir überzeugt sein, dass dieser Duft auf göttliches Eingreifen zurückgeht.«

»Das nächste Wunder geschah an Elisabeth Bergamini, einem Kind von sieben Jahren, das infolge von Pocken schwer erkrankt und fast erblindet war. Die Ärzte hatten den Eltern versichert, der Zustand des Kindes sei so schlimm, dass medizinische Hilfe nicht mehr möglich sei. Darum beschlossen sie, das Mädchen zu den Augustinerinnen nach Cascia zu bringen und Rita anzuflehen, ihre Tochter von der drohenden Blindheit zu retten. Als sie im Kloster ankamen, erhielt das Kind ein Votivkleid zu Ehren der heiligen Rita. Vier Monate später rief Elisabeth eines Tages aus, sie könne sehen. Der Arzt erklärte, dass Elisabeth Bergamini an einer organischen Verletzung der Augen gelitten habe, dass sie dann plötzlich und dauerhaft geheilt worden sei und diese plötzliche Heilung weder der ärztlichen Kunst noch den Naturkräften zugeschrieben werden könne und dürfe, sondern dass der allmächtige

Gott auf die Fürsprache seiner treuen Dienerin Rita von Cascia ein großes Wunder gewirkt habe.«

»Das dritte Wunder betraf Cosimo Pellegrini, der an chronisch katarrhalischer Gastroenteritis und einem Hämorrhoidalleiden erkrankt war, die so ernst waren, dass es keine Hoffnung auf Heilung gab. Als er eines Tages von der Kirche nach Hause ging, erlitt er eine neue Attacke seines qualvollen Leidens, durch die er so sehr geschwächt wurde, dass er dem Tod nahe war. Die herbeigerufenen Ärzte empfahlen ihm, die Sterbesakramente zu empfangen, denn er lag darnieder mit allen Anzeichen des herannahenden Todes. Plötzlich aber schien er die heilige Rita zu sehen, die ihn grüßte. Danach kehrten seine frühere Kraft und sein Appetit zurück und in ganz kurzer Zeit war er wieder in der Lage, wie ein junger Mann zu arbeiten, obwohl er schon im vorgerückten Alter war, in den Siebzigern.«

Angesichts der Bestätigung der Tugenden und Wunder der demütigen Augustiner-Eremitin erließ Papst Leo XIII. das Heiligsprechungsdekret und legte den Himmelfahrtstag, den 24. Mai 1900, als Datum für dieses große Ereignis fest. An diesem Tag wurden zwei Selige kanonisiert: Johannes Baptist de la Salle, der Gründer der Christlichen Schulbrüder, und Rita von Cascia, in der gesamten katholischen Welt als die »Heilige für aussichtslose Anliegen« bekannt.

Aus diesem Anlass versammelte sich eine große Menschenmenge. Die Pilger kamen aus Irland, England, Frankreich, Deutschland, Spanien, Amerika und aus jeder Provinz Italiens, um die feierliche Zeremonie mitzuerleben. An der Vorbereitung waren über 1500 Menschen beteiligt unter der Leitung von Constantin Sneider, dem Verantwortlichen für die Dekoration des Vatikans. Bei dieser Gelegenheit wurde im Petersdom zum ersten Mal elektrisches Licht verwendet. Dazu mussten große Kabelmengen verlegt werden, um den Strom für 12 000 Lampen und 400 Kronleuchter zu liefern.

Am frühen Morgen des 24. Mai 1900 versammelten sich auf dem Petersplatz sehr viele Menschen, die aus den verschiedensten Ländern stammten.

Inzwischen erwartete im vatikanischen Palast eine große Versammlung den Beginn der Zeremonien: das Kardinalskollegium, die Patriarchen, Erzbischöfe und Bischöfe, Regularkleriker, die Kapitulare der Basiliken und Kollegien, die römischen Priester und aufgrund eines besonderen Privilegs die Studenten des Römischen und Französischen Seminars.

Um 8.00 Uhr zog Seine Heiligkeit, begleitet von der Nobelgarde, zur Sixtinischen Kapelle, wo die Kardinäle, Erzbischöfe und Bischöfe und alle, die beim Pontifikalamt eine Funktion hatten, seine Ankunft erwarteten. Nach dem Hymnus *Ave Maris Stella* kniete der Heilige Vater einen Augenblick zum stillen Gebet nieder und bestieg dann den Tragsessel, die *Sedia gestatoria,* um in Prozession zur Basilika von St. Peter zu ziehen. Diese Prozession bestand aus drei Abteilungen. Zur ersten Abteilung gehörten die Ordensleute und Regularkleriker. Dazu zählten die Ordensangehörigen der Augustiner und Augustiner-Eremiten, die Christlichen Schulbrüder, Kapuziner, Karmeliten, Dominikaner, Benediktiner und Chorherren von St. Johannes im Lateran. Die zweite Abteilung bildeten der Weltklerus, die Priester von Rom, die Kanoniker der Basiliken und Kollegiatskirchen Roms, Offiziale, Priester, Prälaten und Konsultoren der Ritenkongregation. Zur dritten Abteilung gehörten der Päpstliche Hof, die Kapläne und Kammerherren, die Generalökonomen der Orden,

Auditoren und Relatoren der Römischen Rota, Kardinäle, Erzbischöfe und Bischöfe. Dann folgte der Heilige Vater auf seinem Tragsessel, gefolgt und umgeben vom Kommandeur und den Hauptleuten der Nobelgarde, den Schweizer Gardisten, der Palatingarde und den Generaloberen der Orden. Es war 10.30 Uhr, als der Heilige Vater im Petersdom eintraf und die Heiligsprechungsfeier begann. Zunächst wurde das Heiligsprechungsdekret verlesen. Das Hochamt wurde geleitet von Kardinal Oreglia, dem Dekan des Heiligen Kollegiums. Die musikalische Leitung hatte Maestro Mustafa, der Leiter des Chores der Sixtina, übernommen. Am Schluss der Messe erteilte der Papst seinen päpstlichen Segen und zog sich dann in seine Räume im Apostolischen Palast zurück, begleitet von den Jubelrufen der Menschen. Rom stand damals zwar unter der Regentschaft eines Königs. Doch die Feierlichkeiten machten deutlich, dass Rom noch immer die Stadt der Päpste, Kardinäle und Bischöfe der katholischen Kirche war und bis heute geblieben ist.

Anhang

Zitat aus dem Heiligsprechungsdekret

»Die Ehren, die die heilige Mutter Kirche ihren Heiligen zuwendet, sollen die Herzen der Gläubigen mit höchster Freude erfüllen und sie zur Nachahmung jener Tugenden bewegen, die die Heiligen so schön und Jesus Christus, dem König der Heiligen, wohlgefällig machten. Die heilige Rita von Cascia, Jungfrau, Ehefrau, Mutter und Ordensfrau, war Jesus Christus so wohlgefällig und lieb, dass er sie nicht nur mit dem Siegel seiner Liebe, sondern vor allem mit dem Siegel seiner Passion auszeichnete. Die heilige Rita verdiente dieses große Privileg durch ihre tiefe Demut, ihre Loslösung von den Dingen dieser Welt und ihre Buße in den verschiedenen Stadien ihres bewundernswerten Lebens. Doch die Tugenden, die Rita Gott besonders wohlgefällig machten, waren ihre Nächstenliebe und ihre Liebe zu Jesus Christus, dem Gekreuzigten. Diese beiden Tugenden enthalten die ganze Weisheit des Christentums. Die heilige Rita empfiehlt uns, sie zu üben. Deshalb wollen wir sie als unsere Fürsprecherin anrufen, damit wir durch die stetige Übung dieser beiden Tugenden, die gleichsam Hand in Hand gehen, fähig werden, die Heiligkeit und die Würde des ehrenvollen Titels ›Christen‹ zu bewahren.«

1. Gebet zur heiligen Rita

Heilige Rita, du Patronin der Menschen in Not, deine Fürsprache beim himmlischen Herrn ist fast unwiderstehlich. Weil du so verschwenderisch von Gott Gaben und Gnaden erwirkt hast, trägst du den Titel »Helferin in größter Not« und sogar »Heilige des Unmöglichen«. Heilige Rita, du warst so demütig, so rein, so geduldig, von so großer und mitfühlender Liebe zum gekreuzigten Jesus, dass du von ihm alles erbitten kannst. Deshalb nehmen alle voll Vertrauen ihre Zuflucht zu dir in der Erwartung, Heilung und Trost zu erlangen. Höre gütig auf unsere Bitte. Zeige uns die Macht deiner Fürsprache bei Gott. Erhöre uns, wie du es in so vielen Fällen auf wunderbare Weise getan hast, zur größeren Ehre Gottes, zur Ausbreitung deiner Verehrung und zum Trost für alle, die auf dich vertrauen. Wir versprechen, wenn unsere Bitte erhört wird, deine Verehrung zu verbreiten, indem wir deine Hilfe unter den Menschen bekannt machen. Im Vertrauen auf deine Verdienste und deine Macht beim Heiligsten Herzen Jesu bitten wir dich (*hier das Anliegen nennen*).

Gewähre uns unsere Bitte
durch die einzigartigen Verdienste deiner Kindheit,
durch die vollkommene Vereinigung mit dem Willen Gottes,
durch deine heroischen Leiden während deiner Ehe,
durch den Trost, den du bei der Bekehrung deines Ehemanns empfandest,
durch das Opfer deiner Kinder, damit sie Gott nicht schwer beleidigten,
durch deinen wundersamen Eintritt ins Kloster,
durch deine strengen Bußübungen,

durch die Leiden aufgrund der Wunde, die du vom Dorn des Gekreuzigten erhieltest,
durch die göttliche Liebe, die dein Herz verzehrte,
durch deine tiefe Verehrung des Heiligsten Sakramentes, von dem du vier Jahre lang lebtest,
durch das Glück, mit dem du aus dieser Welt geschieden bist, um mit deinem göttlichen Bräutigam vereint zu werden,
durch das vollkommene Beispiel, das du den Menschen aller Stände gabst.

Bitte für uns, heilige Rita, dass wir würdig werden der Verheißungen Christi.

Lasset uns beten:

Gott, in deiner unendlichen Güte hast du auf das Gebet deiner Dienerin, der heiligen Rita, gehört. Gewähre uns auf ihre Fürbitte, was unserer menschlichen Voraussicht, Fähigkeit und Anstrengung unmöglich ist, als Lohn für ihre barmherzige Liebe und ihr festes Vertrauen auf deine Verheißung.
Erbarme dich unserer Not und hilf uns in unserer Bedrängnis, damit alle Menschen erkennen, dass du der Lohn der Demütigen, der Schutz der Hilflosen und die Stärke derer bist, die auf dich vertrauen, durch Jesus Christus, unseren Herrn. Amen.

2. Gebet zur heiligen Rita

O heilige Rita, von Gott durch Wunder verherrlicht, besitzt du das seltene Vorrecht, die besondere Patronin und Helferin in aussichtslosen Fällen zu sein. Mit großem Vertrauen auf die Macht deiner Fürbitte komme ich darum zu dir, um in meinem gegenwärtigen Anliegen dich um deine Hilfe anzurufen.

O habe Mitleid mit mir! Gewähre mir die Gunst, mein Gebet gnädig anzuhören. Bringe es vor den göttlichen Gnadenthron und erwirb mir durch deine eifrige Fürbitte Erhörung in meinem Anliegen. Ich bin zwar wegen meines sündigen Wandels deiner Fürsprache nicht würdig, allein das große Vertrauen, das ich zu dir habe, verdient wohl, dass du dich meiner Sache annimmst. Ich bin gewiss, dass du nicht auf die Verdienste siehst, sondern auf die Not und das Gebet derer, die dich anrufen. So lass denn, o heilige Rita, mein inständiges Bitten dein Herz durchdringen und lass mich nicht ungetröstet von dir scheiden.

So will ich zeitlebens deiner Wohltaten eingedenk sein und dich stets als meine besondere Patronin verehren und lieben. Amen.

Novene zur heiligen Rita

Erster Tag

Im Namen des Vaters und des Sohnes und des Heiligen Geistes. Amen.

Heilige Rita, du hilfst in schweren und aussichtslosen Fällen. Bitte lege bei Gott, unserem Herrn, Fürbitte für mich ein, damit er mich erhöre. Überall erzählt man sich von den außerordentlichen Gnaden, die Gott durch dein unablässiges Bitten gewährte. Bitte jetzt für mich bei unserem Herrn Jesus Christus, dass er sich meiner erbarme und ich erhalte, wonach mein Herz sich sehnt.

Vater unser, Gegrüßet seist du, Maria, Ehre sei dem Vater.

Lasset uns beten: Gütiger Gott, du hast die heilige Rita schon oft erhört, sei auch uns barmherzig. Wir bitten dich, gewähre durch ihre Fürbitte, was wir erhoffen – durch Jesus Christus, unseren Herrn. Amen.

Zweiter Tag

Im Namen des Vaters und des Sohnes und des Heiligen Geistes. Amen.

Heilige Rita, dein Weg führte durch Gestrüpp und Dornen. Du hast gelitten und den Kelch der Schmerzen bis zur Neige getrunken. Dein Herz ist schwer geprüft worden. Ich wende mich von Neuem an dich. Du weißt, was Herzensleid und Seelenpein bedeuten. Auch ich habe viel gelitten. Ich weiß aber, du kommst mir zu Hilfe. Heilige

Rita, bitte Jesus, er möge mich erhören durch deine mächtige Fürsprache.

Vater unser, Gegrüßet seist du, Maria, Ehre sei dem Vater.

Lasset uns beten: Gütiger Gott, du hast die heilige Rita schon oft erhört, sei auch uns barmherzig. Wir bitten dich, gewähre durch ihre Fürbitte, was wir erhoffen – durch Jesus Christus, unseren Herrn. Amen.

Dritter Tag

Im Namen des Vaters und des Sohnes und des Heiligen Geistes. Amen.

Vergeblich suche ich einen Ort, wo ich mich ausruhen kann. Ich finde keinen. Doch du, heilige Rita, kannst meinen Weg wieder erhellen und mir Hoffnung geben. Dir vertraue ich, von dir erwarte ich Erhörung in meiner Not. Bitte du für mich beim gekreuzigten Jesus, denn auch du hast Schweres durchgemacht.
Im Gehorsam hast du einen tyrannischen Mann geheiratet, hast ihm dennoch zärtlich viel Liebe erwiesen und seinen tragischen Tod beweint. Du hast Gott gebeten, deine Söhne lieber zu sich zu nehmen, als sie schwer sündigen zu lassen. Bitte für mich, damit ich die ersehnte Erhörung finde.

Vater unser, Gegrüßet seist du, Maria, Ehre sei dem Vater.

Lasset uns beten: Gütiger Gott, du hast die heilige Rita schon oft erhört, sei auch uns barmherzig. Wir bitten dich, gewähre durch ihre Fürbitte, was wir erhoffen – durch Jesus Christus, unseren Herrn. Amen.

Vierter Tag

Im Namen des Vaters und des Sohnes und des Heiligen Geistes. Amen.

Heilige der schwierigen und aussichtslosen Fälle – wie viel Hoffnung gibt mir das! Wie gut passt dieser Titel zu dir, die du verzweifelten Herzen Hoffnung schenkst. Ich wende mich an dich, heilige Rita, und vertraue auf deine Hilfe. Durch deine Fürbitte am Throne Gottes erhoffe ich mir die Gnade, um die ich bitte.

Vater unser, Gegrüßet seist du, Maria, Ehre sei dem Vater.

Lasset uns beten: Gütiger Gott, du hast die heilige Rita schon oft erhört, sei auch uns barmherzig. Wir bitten dich, gewähre durch ihre Fürbitte, was wir erhoffen – durch Jesus Christus, unseren Herrn. Amen.

Fünfter Tag

Im Namen des Vaters und des Sohnes und des Heiligen Geistes. Amen.

Vertraute von Jesus, heilige Rita, mein Herz ist hart getroffen von den Wechselfällen des Lebens. Sag du mir, heilige Rita, was ich in dieser schwierigen Lage tun soll. Erbitte mir Einsicht. Ich wende mich an dich, die du dich immer liebevoll jenen gegenüber gezeigt hast, die leiden. Du bist gut, heilige Rita, deshalb komme ich zu dir.

Vater unser, Gegrüßet seist du, Maria, Ehre sei dem Vater.

Lasset uns beten: Gütiger Gott, du hast die heilige Rita schon oft erhört, sei auch uns barmherzig. Wir bitten dich, gewähre durch ihre Fürbitte, was wir erhoffen – durch Jesus Christus, unseren Herrn. Amen.

Sechster Tag

Im Namen des Vaters und des Sohnes und des Heiligen Geistes. Amen.

Heilige Rita, der Himmel scheint stumm. Aber ich muss nicht verzweifeln, denn Jesus hat mir in dir eine mächtige Fürsprecherin geschenkt. Der Herr hat dich durch Mauern hindurchgeführt. Du wirst mir von Jesus Hilfe erbitten und mir einen starken Willen geben, damit ich auf ihn hören und ihm folgen kann. Ich will nicht mehr sündigen. Mit diesem aufrichtigen Entschluss wende ich mich an dich, heilige Rita. Du mögest von Jesus erlangen, was ich brauche. Ich glaube: Auch für mich wird sich ein Himmel voll Erbarmen öffnen.

Vater unser, Gegrüßet seist du, Maria, Ehre sei dem Vater.

Lasset uns beten: Gütiger Gott, du hast die heilige Rita schon oft erhört, sei auch uns barmherzig. Wir bitten dich, gewähre durch ihre Fürbitte, was wir erhoffen – durch Jesus Christus, unseren Herrn. Amen.

Siebter Tag

Im Namen des Vaters und des Sohnes und des Heiligen Geistes. Amen.

Heilige Rita, du hast dein ganzes Leben viel getragen. Mein Gebet wird ein verstehendes Herz erreichen. Deine Entschiedenheit, deine Nächstenliebe, deine Friedensliebe, deine Worte der Ermutigung für alle veranlassen mich, deine besondere Nähe zu suchen. Du bist ja die Heilige der schweren und aussichtslosen Fälle. Voll Vertrauen erhoffe ich mir deine Unterstützung, deine Fürbitte am Throne Gottes. Ich bin sicher, Frieden wird mein Herz wieder erfüllen und die Gnade, um die ich dich bitte, wird mir gewährt werden.

Vater unser, Gegrüßet seist du, Maria, Ehre sei dem Vater.

Lasset uns beten: Gütiger Gott, du hast die heilige Rita schon oft erhört, sei auch uns barmherzig. Wir bitten dich, gewähre durch ihre Fürbitte, was wir erhoffen – durch Jesus Christus, unseren Herrn. Amen.

Achter Tag

Im Namen des Vaters und des Sohnes und des Heiligen Geistes. Amen.

Heilige Rita, du hast den Gekreuzigten sehr geliebt. Du hast zu seinen Füßen gekniet, ein Dorn aus seiner Hand grub sich in deine Stirn ein. Ich täusche mich nicht, wenn ich mein Vertrauen auf dich setze. Durch deine Liebe zu Jesus erbitte mir die Gnade, die ich erhoffe. Er schenkte dir sehr viel. Vor deinem Tod erblühte für dich mitten im Winter im Freien eine Rose. Und so erwarte ich nun die Erhörung, um die ich Gott aus ganzem Herzen bitte.

Vater unser, Gegrüßet seist du, Maria, Ehre sei dem Vater.

Lasset uns beten: Gütiger Gott, du hast die heilige Rita schon oft erhört, sei auch uns barmherzig. Wir bitten dich, gewähre durch ihre Fürbitte, was wir erhoffen – durch Jesus Christus, unseren Herrn. Amen.

Neunter Tag

Im Namen des Vaters und des Sohnes und des Heiligen Geistes. Amen.

Nun bin ich am letzten Tag dieser Novene angekommen. Heilige Rita, ich habe wieder Mut gefasst. Du wirst von Jesus die Gnade erhalten, um die ich bitte …
Heilige Rita, hilf mir. Du hast Schmerzen gelitten, du hast den Armen gegenüber Liebe gezeigt, du hast Jesus und die Unbefleckte Jungfrau geliebt. Zeige mir, wie du wirklich bist. Erlange mir von Jesus die Erhörung, um die ich inständig bitte. Mit deiner Hilfe will ich mein Leben ändern und zu einem Boten der göttlichen Liebe werden. Zum Dank will ich deine Verehrung verbreiten.

Vater unser, Gegrüßet seist du, Maria, Ehre sei dem Vater.

Lasset uns beten: Gütiger Gott, du hast die heilige Rita schon oft erhört, sei auch uns barmherzig. Wir bitten dich, gewähre durch ihre Fürbitte, was wir erhoffen – durch Jesus Christus, unseren Herrn. Amen.

P. Ferdinand Ritzel OFM

Pater Pio
Sein Leben, Lieben und Leiden

Geb., 352 Seiten
ISBN 978-3-9454018-9-7

Aufgrund des persönlichen Kontaktes und der umfassenden Grundlagenforschung konnte Pater Ferdinand Ritzel eine beeindruckende Biografie über Pater Pio schreiben. Seine guten Kenntnisse der italienischen Sprache kamen ihm hier zugute. Er durfte auch die Dokumente zur Einleitung des Seligsprechungsprozesses einsehen und erhielt Zugang zu den wichtigen Quellen der Überlieferung über Pater Pio.

Nicht zuletzt war er ein geistlicher Sohn Pater Pios, besuchte ihn zweimal in San Giovanni Rotondo und durfte auch bei ihm beichten. »Pater Pio ist mir wahrhaft Vater meiner Seele«, lautete P. Ferdinands Aussage über die geistige Verbundenheit mit Pater Pio. Dies alles trug zu dieser außergewöhnlichen Biografie bei.